U0677613

正能量养育

王淑俐◎著

中国友谊出版公司

图书在版编目（CIP）数据

正能量养育 / 王淑俐著 . -- 北京：中国友谊出版
公司，2023.2
ISBN 978-7-5057-5602-1

Ⅰ.①正… Ⅱ.①王… Ⅲ.①家庭教育 Ⅳ.① G78

中国版本图书馆 CIP 数据核字 (2022) 第 254323 号

著作权合同登记号　图字：01-2022-6608

书名	正能量养育
作者	王淑俐
出版	中国友谊出版公司
发行	中国友谊出版公司
经销	新华书店
印刷	河北鹏润印刷有限公司
规格	880×1230 毫米　32 开
	6 印张　122 千字
版次	2023 年 2 月第 1 版
印次	2023 年 2 月第 1 次印刷
书号	ISBN 978-7-5057-5602-1
定价	45.00 元
地址	北京市朝阳区西坝河南里 17 号楼
邮编	100028
电话	(010) 64678009

♥ 自序

　　2004 年年初，我的单亲爸爸离开了人间；但在我的心中，他的影像却越来越鲜明。我一直想把他教育子女的经验分享给大家，一方面是回馈爸爸的抚养之恩，另一方面也呈现自己在教育上的领悟。

　　一般人往往只看到教育成果，不太注意教育的过程，其实过程中的细节，才是最重要的。教育改革不容易成功，就因为只谈目标，却不知真实的意义，所以找不到达成目标的途径。

　　例如，台湾教育的核心理念一直是"自发""互动""共好"，从其具体内容来看：

　　1. 自发：引发学生学习动机与热情，学生是自发主动的学习者。

　　2. 互动：引导学生妥善开展与自我、与他人、与社会、与自然的各种互动活动。

　　3. 共好：协助学生应用及实践所学，愿意致力社会、自然与文化的永续发展，共同谋求彼此的互惠与共好。

　　但，每位老师真的懂得其中的涵义，真能引发或协助学生达到目标、化为行动、培养习惯吗？

以自发来说，如何让孩子成为自发主动的学习者？如果认为"自发"是天生的特质，就不需要后天的教化了。我自己以前也犯类似的错误，只要求学生及子女要"自动自发"，当他们做不到时就只会生气（且越来越生气），却拿不出办法来帮他们转变。

我的爸爸也会生气，但更会想办法，尤其是"因材施教"。因为每个孩子的状况不同，方法当然各异，达成目标所需的时间也有颇大差距。

韩非子说："下君尽己之能，中君尽人之力，上君尽人之智。"最差的领导者只靠自己做事、事必躬亲，不仅不信任别人，也不愿或不能激发或培养下属的才能；中等的领导者虽能指挥调度，但下属会依赖上司，也无法真正承担责任、解决问题；最厉害的领导者信任下属，能激发其动机与热情，让他们想尽办法以达成目标，甚至表现得超乎想象。

我一直只是个认真苦读的孩子，但充满自信、勇往直前，就是因为爸爸对我的信任。我的运气很好，遇到过好几位善于激励的老师、学长及好友，所以能"傻傻地"相信自己有能力达成伟大的目标。

教养孩子有多困难？即使是双薪家庭，也会面临钱的问题以及时间与体力不够分配（或分配不均）的问题，何况是单亲或隔代教养？做父母的身心俱疲、心烦气躁时，一旦情绪失控或迁怒于孩子，往往让孩子觉得"最爱的人伤我最深"，对孩子所造成的负面影响常难以估计。

父母有必要"彻底学习"教育与沟通之道，不能"只知其然，不知其所以然"。"知之为知之，不知为不知，是知也。"这本书也希望唤醒更多人（如老师、老板与社会福利机构），一起来帮助父母与家庭。在目前少子化普遍的情况下，"一个也不能少"，让每个孩子都能够"被爱"（理性的爱而非溺爱）。

王淑俐

💕 目 录
CONTENTS

第 1 篇

看见家庭教育的曙光

🌿 1 破除教养盲点 🌿

"想成为"好父母和"是个"好父母之间，有着颇大的差距。想象只是目标，实践却可能处处受阻。例如，看到别人的儿女很优秀，固然羡慕却不知从何下手。直接模仿则"画虎画皮难画骨"。如同养花，若光照、水分、施肥等条件不足，盛开的花朵移植后，仍可能枯萎而死。

教养成功或失败，并没有特定的样貌。不少教养成功的表象，可能隐藏失败的真相。反之，目前看来失败的教养，可能离成功只差一步。所以，教养方式可以参考、反省，不适合模仿、照搬。

另一个教养盲点则来自夫妻及其他相关人士，如老师、朋友等主观感受的差距。也就是父母自以为正确的教养方式，其他人并不以为然。甚至已经出现教养问题了，父母仍坚持错误的方式。

多年来，我在大学教授"人际沟通""家庭教育"等课程，自己也育有一儿一女，随时可验证理论与实际的关联。随着岁月的历练，发现自己在不同年龄对亲子沟通的理解截然不同。惊觉过去教导别人或自以为是的地方，好多是肤浅与错误的。惭愧之余，开始向儿女道歉，也试着原谅还不成熟的自己。

"父母学"并没有止境，除了在子女成长过程中，需不断自我觉察与修正外，子女长大后，仍要持续维系良好的亲子关系（包含祖孙之间），这是一生的功课。

✌ 亲子之间被什么困住了？

教养子女为何会"走错路"？以我的成长背景来说，读小学时父母即离婚，我们四个孩子都跟着爸爸。身为长女的我必须自动自发以及懂事，才能帮助及安慰父亲。不自觉地，我也以这个标准要求自己的儿女。"自动自发"就是我不强迫，但你自己知道该怎么做。"懂事"的意思也差不多，就是不需要我提醒，你就能主动去做。但是我发现，我的儿女并不理解，所以常让我失望甚至生气。因此，好多年来我与长子的关系都不太好。

理想与实际本有差距，而且儿子的成长环境与我不同，我的标准对他来说并不合理。不是每个孩子都知道如何自动自发、懂事，我该将大目标拆为小目标，鼓励孩子先尝试简单的部分，慢慢放手让孩子自己来。

我担任老师时也犯了同样的错误，总希望学生自动自发，却未设法"搭桥铺路"，使他们从"被动"迈向"主动"。当我透露不满时，学生就产生反抗心理，更加不理解（也不理会）我的标准与要求。

其实，人们都不喜欢被管束或批评，却希望有人来引导与鼓励。所以这本书就以我的单亲爸爸的教养技巧为主轴，加上我自己的育儿反省，以及许多教养成功或失败的案例，帮助为人父母者及时校正教养的路线与策略。对于尚未成为父母的人，则可以好好提前准备。

1997 年 3 月，我的爸爸因严重心脏病而"跌倒"，在特护病房抢救护理 48 天后濒死复生。他特别叮咛我："教学及演讲一定要说真话，不可说大话或谎话。"从此我不断提醒自己，要将教育理论与实际联系并验证，再说出中肯的话及可行的建议，绝不能信口开河、言行不一。

育儿跟爬山一样，要清楚路线、路况，不能随性或冒险。越高耸或土石松动的山路，越要多听听过来人与向导的专业意见。现在，让我们开始这趟教养的探索之旅吧！

▌父母为什么痛苦？

我在某小学开办家庭教育课程时，曾有位学员写了一封长信给我。

王老师：

　　我的儿子上小学三年级、女儿上一年级，生下女儿后，我就全心在家照顾小孩。之前我是幼儿园老师，儿子两岁开始我就为他安排课程，希望上小学前把他教好。

　　儿子没有辜负我的期望，任何方面很优秀，写字漂亮、工整，数学一点就通，画画、创作、体育也经常获奖。但我却不能安心，因为他"成绩优异、行为怪异"。

从上幼儿园起每天状况不断，小学联络簿更是天天红字，我三天两头被请到学校去。他不是打人就是捉弄同学，再不就是上课搞怪，课上一半突然跑出教室，怎么沟通都不见效。

我天天要面对、解决他的问题，一度得了抑郁症。开始害怕天亮，更怕学校来电又有什么事。中午放学时，我带着忐忑的心去接他，担心儿子又告诉我："妈咪，老师请你进去一下。"儿子回家后，我仍然神经紧绷，直到他入睡。

儿子上小学二年级时，我决定把他交给他的爸爸管，看换个人会不会改善。爸爸比较民主，对儿子极度放松，因此成绩一直往下掉，规矩也出了问题。爸爸不断接到老师电话，天天都得回应老师在联络簿里的留言。他气坏了，只好推翻"爱的教育"，拿出"铁的纪律"责打孩子，但一样不见效。

我看了许多书、参加演讲、上网查资料、请教专家，也听从老师建议，带儿子去看儿童心理科，诊断结果是"注意缺陷多动障碍"（ADHD）。医生要给儿子开药（利他能），我和先生觉得不可思议，怎可如此轻率？于是带着儿子逃出医院。

儿子依旧状况百出，老师说他功课经常少写、没带、忘交。我都照着联络簿检查，怎会少写呢？后来发现是儿子把部分作业擦掉，第二天老师发现时再补写。

为了改掉他这个毛病，我只好打他。但听到儿子的哭声又实在心疼，只希望他不再犯。没想到第二天又来了，他坚持认为是老师的错，说老师写"完成到第12页"，收作业才知道要写到15页。

我要他自己打电话请教老师。他应该不敢打吧？没想到他居然打了电话："老师，昨天的数学，你是不是只写'完成到第12页？'"我将电话接过来，得知儿子今天数学小考得88分，但他告诉老师有一题改错了，要求加2分。老师看出儿子动过手脚，没有加分。我问儿子考卷的事，他承认更改了答案，原因是老师说90分以上不用罚写。

一直以为自己当过老师再当妈妈，应该很轻松，没想到带自己的孩子更难，心境及要求都不同。我知道儿子善良，必须多鼓励。但接到学校的电话，我还是慌了。

服务于人本基金会的朋友告诉我，别在意老师丢给家长的问题。孩子在学校，老师必须有应对及解决的能力，我先生非常认同这个说法。但我不免想，儿子那么顽皮，影响到集体，做父母的难道没有责任？

我不知道怎么办才好，我好爱孩子，希望他单纯快乐，但他总把快乐建立在别人的痛苦上。我想帮他，但不知道怎么做！我还是会勇敢地面对孩子的问题，这是上天给我的功课，我要加油！

这封信里，显见父母的为难与矛盾。既爱孩子的聪明善良，又因他层出不穷的问题而疲惫不堪！当孩子被诊断为ADHD时，父母为何抗拒孩子用药？是担心孩子因"多动症"被视为异类、贴上负面标签？或怕一旦服药即需终身与疾病共存？还是根本不能接受孩子的"特殊"？

老师经常在联络簿留言叫家长处理问题，确实带来莫大的压力。若家长的反应是："孩子在学校时，老师须有应对及解决的能力，不是将问题都丢给家长。"家长、老师互相推卸责任，对孩子的发展更为不利。

这位学员后来告诉我，她自己"很容易发脾气"，尤其看到儿子对待妹妹的态度，更是无法容忍。理智上她知道儿子特别，但更怕外界把儿子看成异类。她觉得全世界都可以不了解儿子，自己不能。多动症的孩子仍有许多优点，例如儿子把存了好久的钱都给她买生日礼物，听到她咳嗽时，会立即趋前关心。

我的长子钧豪在幼儿园及小学阶段也很调皮、好动，常与同学打架、窜改联络簿上老师交代的作业，甚至不写寒暑假作业。我常看到联络簿里写着他的种种问题，也多次被叫到学校面谈。此外，他对妹妹也很凶。

我当时很困扰，搞不懂他为什么这样，对他无比失望。但我只检讨他的脱序行为，却看不到自己或家庭环境的问题，例如爸爸在外地工作、父母及爷爷奶奶的教养态度不一致等。加上我们对妹妹较偏心，凡事都要他让着妹妹（妹妹比他小9岁）。更不用说我经常滥用父母权威，任意对他宣泄情绪，责骂及惩罚更是家常便饭。

孩子为了少写作业等事情说谎，是许多父母共同的困扰。大人觉得"说谎只会把事情搞砸"，孩子却不这么想。拥有超过 20 年儿童及青少年心理咨询临床经验的专家亚当·普莱斯 (Adam Price) 说：

> 我有个 17 岁的病患，经常处于这样的处境，他告诉我："说谎是当下最方便的做法，我知道终究会被抓包，然后被痛骂一顿，但是我每说一次谎，至少可以把被教训的时间往后延一些。"

知道孩子逃避或短视的心态，就不会对他们的说谎大惊小怪，但还是要慎重及差别性处理。"慎重"是指不盲目或过度乐观地信任孩子，要"听其言，观其行"。"差别性处理"则指在不同的事情上说谎，有不同的严重情节，要"个别处理"（含惩罚）而非"一概而论"。如：

> 他骗你每次都做功课了，跟他瞒着你偷开车还把车子给撞凹了，两者还是有差别的……你们还必须教导孩子，做错事就要坦白承认，并承担其后果。盲目信任你儿子则是不明智的。你以为他一定会说实话，但恐怕这只是咱们一厢情愿的想法。

父母希望孩子诚实，但坦白认错代表可以被原谅及事件就此结束吗？亚当·普莱斯说：

> 如果你的对策是"要是你没说谎的话，处罚其实会轻些"，那么你会发现自己陷入一个困境。比如当你回到家，你儿子告诉你，他带了一个女生来家里过夜，你难道要说"谢谢你老实告诉我这件事"，然后减轻对他的处罚吗？

亚当·普莱斯认为，适当处罚孩子的犯规行为，比严格要求他不能说谎更为重要。

⚘ 父母如何面对教养挫败？

教养子女不能只靠想法与计划，还要考虑许多不可控制的因素，如孩子的身心状态及外在环境。父母不要强扮"假面超人"或掩饰真相，也不必一味羡慕与模仿其他模范父母。

▎功课重要，还是生命重要？

某晚，我到一所偏远地区的初中担任家庭教育讲师，结束后不少家长围住我，希望解决累积多年的疑难杂症。有些教育问题的确是教养的观念及方式偏差所致，但不少经过深思熟虑而选择的教育方式为何会出错？A女士即是如此，她等到大家都离开，才肯说出自己的问题。

她的女儿在偏远地区的初中相对优秀，因而考上第一志愿高中，所以 A 女士一直被当成模范家长。然而孩子上高中后却出了问题，她却陷于"孩子的功课与健康，哪个更重要"的困惑中。

她说，女儿从高一下学期起，课业开始跟不上，加上忙于社团，成绩越来越糟。女儿平常动作就慢，又不善于管理时间，社团活动结束回家后就瘫在床上，连洗澡的力气都没有。作业写不完，考试没法准备，第二天也起不来。

A 女士希望她退出社团，但孩子坚决反对，父母只好不断施压，要孩子把功课念好，否则不准参加社团。孩子却"心有余而力不足"，越来越没有自信，更加不想读书。

令人担心的不仅是课业，女儿的情绪也变得越来越暴躁、激动、沮丧，无法集中精神并且多话、好动、坐不住。A 女士以为是躁郁症或抑郁症，看过医生后确诊"甲状腺亢进"。

但 A 女士夫妻仍然放不下孩子的成绩，生怕孩子留级，所以强制她退出社团，又担心孩子反抗而做出可怕的事。到底要怎么做，才能帮孩子走出困境？A 女士感到无助。我建议她先冷静下来，目前该做的是：

1. 调养孩子的身体为第一优先，疾病的治疗需要时间，更要放松心情。

2. 重新安排女儿的生活作息及目标，多与孩子商量，不要代替孩子做决定。

3. 与学校导师谈谈孩子的状况，以免老师不知情、不了解而错失帮助孩子的时机。

A 女士虽然难过，但最终决定让孩子留级甚至大学重考一年都可以接受。这个决定对于这对模范父母来说真难！因为孩子自小即在"人生胜利组"，但"留得青山在，不怕没柴烧"，只要孩子恢复健康，晚一两年读大学并不要紧。

他们跟孩子说，每天要洗澡、洗头，行有余力再写功课或读书。其实，在孩子情绪不稳时，这些生活常规都很难维持。父母也将他们的决定告诉导师，家长、老师一起来陪伴孩子。除了持续进行甲状腺亢进的治疗外，也去医院的青少年门诊或身心科诊所进行心理咨询。

孩子为什么会生病？甲状腺是内分泌器官，甲状腺激素的主要作用是促进机体新陈代谢和调节交感神经。年轻女性甲状腺较容易亢进，除了遗传因素，多半因为压力大而过度刺激甲状腺素分泌。A 女士有"甲状腺亢进"的家族病史，孩子有遗传体质。A 女士经过这次痛苦的经历后，诚恳地呼吁所有父母：

1. 发现孩子不正常时，不要管他以前有多优秀，都要尽快求助，不要怕丢脸。

2. 不要拖延，越早知道真相，越能对症下药以及适当治疗。

3. 不只是孩子，父母也需要接受心理咨询，才不致路越走越窄。

"成绩至上"是中国台湾教育难以突破的价值观，造成不少父母只关心成绩，忽视潜在或已发生的重大问题。例如 B 同学原本成绩优异，因升大学考试失常而进入一所私立大学。父母认为他"在人生道路上摔了一大跤"，使他承受不了失败而躁郁症发作，进而休学，之后转学又再次休学，年近 30 岁了仍未能从大学毕业。

B 同学自愿到精神科住院治疗，当父母被请到医院经医师开导才懊悔说："因为父母本身的观念与面子问题，耽误了孩子 18 岁到 30 岁的黄金时光。人生能有几个 12 年啊？"

国际知名趋势大师大前研一在其著作《教出孩子的生存力》中强调：

> 现在，为人父母最重要的事，就是试着重新审视对孩子的价值判断……以更柔软的态度来思考孩子的人生选项。只要孩子成绩好，父母便能安心以待，这些不是很病态的情况吗？

大前研一提醒父母不应只靠成绩评断子女，必须全方位来观察孩子的其他长处。

> 每个人至少有一两项过人之处，以及自己应当反思的地方，这在今后会越来越重要。并且，只要做人诚实和待人亲切，善加利用自己的这些特质，同样可以过活。

大前研一认为每个小孩都有自己的特色，父母的职责就是发现孩子的优点，并且告诉他："你这一点做得非常好，如果将来朝这个方向发展，或许会很不错呢！"否则就是放弃了教养的责任。

我对长子钧豪的教养有个根本的错误，也是东方父母的通病，就是太看重学业、升学。只要看到钧豪的成绩退步，就罚他不能打篮球（他的最爱）、不准看电视（他就半夜起来偷看），并且不断逼迫他再多读一些书（他更读不下去了）。我把自己的成就与他的班级排名及未来前途画上等号。在他上初二时，我在"与钧豪一起成长"的日记上写着：

> 钧豪目前的成绩是他读书以来的最低潮，分析退步的原因：交女朋友，上课不专心，平时准备考试时间不够，每晚复习功课时间太短，要逼迫才能读书，敷衍了事的心态。我忍不住向他发了脾气，我多希望自己不要发脾气，但看他的的名次一再下降，18、19、20、21、25名一路滑落，就忍不住生气。
>
> 他只是口头用功，不见决心与行动。我是过来人，一眼就看穿这种不用心的后果。我希望能信任他，放手让他去努力，但情况怎会变成这样？如此我的一切努力（外在的成就）都没有什么意义，甚至觉得自己"没有资格"去教导别人。
>
> 认真、用心是成功的不二法门，放松、放纵是失败的主

因。钧豪对学业的逃避及被动，是课业不理想的原因。逼迫他到底有多大效果？实在看不太出来。但自己很生气却显而易见，我不想生气却又忍不住发脾气，气他不长进、好逸恶劳、不肯吃苦、应付父母，这样下去只会自己害自己。

　　如今他享受父母努力的成果，将来呢？再不努力的话，他的儿女要跟着他一起受罪，这点道理他想得通吗？能下定决心吃苦吗？真正孝顺的孩子应实践父母的期望与信念，被父母责骂的滋味不好受啊！

　　现在再看这份日记，不觉苦笑。我只看重自己的面子与权威，一味强迫与指责孩子，却对儿子的努力及痛苦没有同理心。

　　关于钧豪与妹妹的相处，最"火爆"的阶段是在他读初中，而妹妹上幼儿园时。那时，我以写信的方式与他沟通：

　　不知道你到底怎么了，你比妹妹大9岁，爸爸又在高雄，你的责任是什么？妹妹还小，需要照顾与保护，不是我们特别对她偏心，你为什么就是想不通，还要跟她斤斤计较？

　　你知道每次你对她大吼大叫，我有多伤心吗？你不肯学习当一个尽责的哥哥，你易怒、暴躁，连我都不放在眼里，我真是难过得无法入睡。

　　你为什么存心惹我生气，我气病了你高兴吗？我一直担忧你的脾气及欠缺责任感，何时你才能心平气和地带领妹妹？

能孝敬父母？你的不孝比你的成绩更令我痛苦。

我给儿子的压力，实在太大啦！当时他的回信是：

　　妈妈，我很抱歉！每次都为一些无聊的事发脾气，使你生气，我不是有意的。因为我有些时候会觉得自己小时候没有钧怡过得好，心理不平衡。

　　因为小时候跟爷爷奶奶住，心里难免羡慕钧怡。而且常被爸爸骂，心里就会讨厌钧怡。

　　你们处处都为她着想，是否想过我的感受？她有很多不对的地方，我骂她固然态度不好，但你们不但不支持我，还帮她骂我。

　　虽然我长大了，但还是孩子，不是一个你们认为的"小大人"。我不可能完全了解你们，希望你们能把心里的感受跟我讲，让我们产生互动，好吗？

我反复责骂他学习差、与妹妹相处不好、生活习惯差等，对他极尽"情绪勒索"。在初三开学时，他写信给我：

　　对于我的功课，我也在鞭策自己、提醒自己，也想为自己争口气。但我很少听到您的加油、打气，却常听到您说要顺着我，等我自己醒悟。我有时候也觉得自己真没用。妈妈每次看到我,都一直说"要用功""要努力""要争口气""不要让我担心"。有时候我看到您竟然会害怕,怕您又要把话重复讲一遍。

我知道你一直很担心我的功课。一提到功课,我的脑海里就浮现出您失望的面孔。我自己也恨自己为何不能下定决心努力去做,而使父母这么担心。为什么这么贪玩、不肯努力?我现在也慢慢在提醒自己,快醒过来,不要再混日子。

最近成绩有一点点进步,自己有一些高兴,但却没人替我高兴。上次月考成绩出来,爸爸为我拍手,您却无动于衷。最近我感到很挫败,为什么自己什么都做不好?为什么不肯再努力,积极做好每一件事?自己也在反省,希望赶快改正回来。

今天回家时,眼睛一直在痛。但我还是去帮您要纸箱,您听我讲"没要到",就说了我一顿,我也生自己的气。看到钧怡把客厅的椅子弄得乱七八糟,我本来好好跟她说,她却以不屑的态度回应我。您非但不理解,竟然又骂我。每次您都说她还小而不追究,您以为她不懂吗?其实她越来越清楚,所以常在故意。

可能我的想法很偏激。您觉得我幼稚、长不大,也觉得我不了解您,不能帮您分忧解劳。如果您这么想,就太过分了。我也很少唠叨,只是觉得不公平。

为什么同学每天回家都可以吃到香喷喷的饭菜,而我不行。可能您说吃饱就好，但就是少了家的温暖。这使得我心里有一种缺憾，您学心理学应该知道的。

最后，我一定会赶快努力，考上公立高中，请妈妈不要担心。

祝可爱的妈妈中秋节快乐！

现在，我终于看懂儿子的信了，自觉非常汗颜。我虽已养儿育女，但心理上却还是不成熟。

᭡ 父母需要冷静、理性

钧豪读研究生时，我花了近 3 年的时间，给他写了 152 封道歉信。最后，儿子的总结回复是：

虽然我们是母子，却是个性完全不同的人。我们都有自己的压力，也不了解对方，造成了一些冲突。也许有些许遗憾，却没有抱歉的必要。在当时，我们心中都有诸多不谅解，周遭的任何事都可能是爆发冲突的导火线。

但既然我们是家人、是母子，事情就没有对错可言，只有出于关心与爱之背后的投射价值。你觉得功课、品行第一，我觉得生命短暂应当快乐、自然。需要的时候我自会努力，也接受之后的结果。虽未持之以恒，但求无所遗憾。

因为你与爸爸的督促，以致我未曾迷失方向。虽不值得骄傲，但也算有所得（虽然你们的方式我未必认同）。

2020 年的母亲节，我再回首当年的"记录"，看到孩子年少时的感受，心中特别难受。我对孩子寄予过高的期望，给他过大的压力，让他承受了过多的误解、责骂。看不到他的努力与孤单，让他心里受伤。于是我决定发信息向他道歉，即使他不原谅我也可以。

今天是母亲节，不仅是儿女感恩的日子，也是母亲忏悔的日子。因为我成长的过程艰苦，很年轻就当了妈妈，三代同堂的家庭不好应付。我是个情绪管控不好的妈妈，没能好好珍惜你，对你要求太多但对你了解太少，希望你能原谅我。

已为人父的钧豪立即回复：

为人父母后才知道，其实做父母并不容易，过去了就不要想太多啦！亲爱的老妈，祝母亲节快乐。

女儿钧怡从小看到哥哥被骂得很惨，决定不再受制于我。当我以养育哥哥的模式压制与责备她时，她立即明确地为自己提出主张，只做想做的事，并希望我能控制情绪，以同理心公平地对待她。所以母亲节这天，我也向她道歉：

> 我不自觉地给你很大的压力，拼命地想让你做到最好。
> 放轻松吧！依你自己想要的去做就可以，妈妈希望你能原谅
> 妈妈。

面对孩子的缺点与问题，不要一味"感性"，充满负面情绪。此时可运用冥想的技巧，让自己冷静下来，才能"理性"地找到压力源，进而找到正确的压力释放策略。

一次冥想只需5~10分钟，专注且放松地让"孩子的缺点或你不满意孩子的地方"在脑海中自由进出，不要压抑你的情绪感受，不要批判你的想法，只需内观当下的思绪变化，让内在展现平衡、多元及深刻、长远的一面。更希望你能冥想"孩子的优点或你满意孩子的地方"，或"自己的缺点或孩子不满意你的地方"。

威尔·鲍温（Will Bowen）在《祝你今年快乐》一书中特别推荐**静坐冥想，"不只能让你掌控你的思想，也能加深你的灵性，两者都可以造成更高且持续的快乐感。"**静坐冥想的技巧主要如下：

> 1. 舒服地挺直腰杆坐好，手放膝上，掌心朝上，闭上眼睛。
> 2. 专注、深沉、规律地用鼻子吸气和呼气，感觉腹部随

呼吸上下起伏。

　　3. 可以用手指记录呼吸次数，先由右手开始。

　　4. 当其他思绪飘入脑海时，可将它分类（待办事项、自我批判、教导等），再重新计算呼吸的次数。

　　正念疗法是20世纪70年代兴起的心理治疗方法，归类为"认知行为疗法"。是一种专注当下、全然开放的自我觉察，不带有自我批判的心态，而是以好奇心来接纳脑海中的每一个念头，简称"正念冥想"。它包含四个步骤：

　　1. 注意呼吸。用自己觉得最舒服的姿势坐在椅子上，不要把背靠向椅背，身体不要前弯，轻轻闭上眼睛，将注意力转向一吸一呼的呼吸。

　　2. 正常的注意力分散。并不是刻意地分散注意力，而是冥想时不知不觉会注意力分散、浮现杂念。

　　3. 发现到注意力分散便能恢复原状。越想赶走它，意识越被这些杂念所牵走。不要责备浮现杂念的自己，不判断、不评价。

　　4. 将分散的注意力拉回来。这么做，显示你在不小心被杂念淹没之外，还有其他选择。

　　冥想时，不需为了无法专注而苦恼。即便注意力分散了，发现它并拉回来即可。让头脑与心"留白",借此抛开杂念。在正念冥想前,要先确认冥想的目的,没有目的便无法长久持续。吸气时腹部突起,呼气时腹部凹陷。

2 看到孩子的求救信号

孩子为什么顶嘴、离家出走、辍学、自杀、犯罪？……其实他是在透露内心的不满，以此向父母求救（快接住我）或抗议（别再这样做了）。

心理咨询师王意中说，很多父母不懂孩子的心声，不仅无法及时协助，反而给予更多责难，使孩子的情况更糟，如自残、自杀（为了转移痛苦）：

心灵受困的孩子，内在就像到了非常严重的空气污染"紫爆"等级，让他的情绪咳个不停、喘不过气，甚至难以呼吸……请勿批判，莫予指责。先试着接纳与尊重他情非得已的想法，关注他的感受。

当孩子产生无价值感、无意义感与绝望感时，并非孩子所愿；大人也会有无法解决的问题，何况是未成年的儿童与青少年。孩子遇到难题而有叛逆表现或自我伤害，父母若以增加罪恶感的方式回应："你知不知道这么做让我们多伤心？我们这么多年辛苦抚养你、照顾你，你竟然如此……"不仅不能打消孩子"一了百了"的念头，反而使他觉得"爸妈真的不了解我"，心头更加沉重。

父母如此责备是因为"不知所措"，所以才施以"情绪或道德勒索"。此时，父母应放下面子与执着，求助学校辅导或心理专业人员诊断与咨询。

大人也会压抑情绪，不知或不敢向人求救，使小问题累积成大问题。小孩有类似状况也不足为怪，重要的是要及早发现并勇敢面对。

🌱 自杀、抑郁症的孩子

如果子女有自杀、精神疾病、孤立于社会之外等状况，那么，是父母哪里有了疏失呢？

根据相关网站报道，近年来青少年及儿童自杀事件频发，呈现"低龄化"。2018 年，相关部门统计中国台湾地区自杀死亡人数 3 865 人，其中，14 岁以下 10 人，15~24 岁 210 人。若包括想自杀、企图自杀的青少年及儿童，甚至许多被当成意外事件的自杀，青少年及儿童实际因自杀而死亡的人数，可能是上述统计人数的 2~3 倍。

由相关个案资料可知，青少年（15~24 岁）自杀未遂通报人次为 4 389，其中女性为男性的 1.94 倍。探讨原因，青少年首要烦恼为"感情因素"（36.4%），第二为"家庭成员问题"（17.8%），第三为"忧郁倾向、罹患抑郁症"（10.0%）。

家庭成员问题是造成青少年及儿童自杀的重要因素，包括家庭破裂、亲子关系不佳、家庭沟通不良，以及对父母有高度敌意却又伴随很深的罪恶感等。14~17岁的天资聪慧的青少年被视为自杀的高危险群，原因包括完美主义、不合理的社会期望、父母不切实际的要求、缺乏幽默感、认为学业成就等于个人价值等。

过去对于自杀防范总有"迷思"，担心问他自杀的事情，是不是会促使青少年自杀。事实上，主动询问反而让青少年感到如释重负、被理解，所以要引导青少年多跟成熟的人讨论自杀的原因，发现青少年有抑郁倾向或出现"这世界没有我会比较好"、搜寻关于死亡的信息、交代遗言、分送东西等想法或行为时，就需要多关心、不要回避。

判断儿童或青少年是否抑郁，可考虑下列症状出现的次数、持续的时间及严重程度。以下为较典型的抑郁症症状：

1. 小学时期：无精打采、闷闷不乐；较平常焦躁易怒；看起来悲伤；容易沮丧；抱怨很烦闷无聊；疏远家人和朋友；做作业有困难；常谈到死亡。

2. 青少年：总是疲倦；退出最喜爱的活动；与父母老师有更多争执；拒绝做家务或功课；从事危险行为，例如割伤自己等；有自杀的想法。

儿童和青少年也会发展出一种不典型的抑郁症，即情绪有短暂的改善，也能对正面事物有喜乐的反应。这与一般抑郁症不同，一般抑郁症的情绪倾向是持续的悲伤，不轻易被正面事物所影响。

要留意的是，罹患抑郁症的青少年常有抑郁症家族史。经历过抑郁症的儿童或青少年，可能也患有其他精神疾病，包括：神经性厌食症、神经性暴食症、焦虑性障碍、强迫性人格障碍或恐慌发作、创伤后压力症候群等。

有焦虑性障碍的孩子，似乎精神很紧绷且不能放松，需要一再保证使其安心。也可能过度在乎外表，会咬指甲、吸拇指、拉扯或扭卷头发、难以入睡。外在看起来很成熟，努力想成为完美的人。对批评极度敏感，经常有受伤害的感觉。

青少年"创伤后压力症候群"表现为遭遇过恐怖经历，例如校园枪击事件、火灾、严重车祸或身体被虐待后，患者会责怪自己，并且认为应该为发生的事情负责，且创伤后数年，仍对未来觉得绝望与悲观。

抑郁症越早被辨识、治疗，愈后越佳，即便儿童、青少年从抑郁症复原的概率很高，但仍可能再次罹患抑郁症。治疗儿童、青少年抑郁症的方法为药物、心理治疗，或合并药物与心理治疗的认知行为治疗。

抑郁症有两种常见形式：重度抑郁症与轻度抑郁症（持续性抑郁症），依据美国《精神科诊断准则手册第五版》，儿童、青少年和大人采用同样的诊断标准，但症状表现略有不同。

"重度抑郁症"须符合两周内出现"忧郁情绪"（儿童及青少年可能是情绪易怒）或"失去兴趣或愉悦感"中的一项，同时在大部分时间内有"合并体重减轻或增加／食欲减低或增加""失眠或嗜睡""精神动作迟缓或激动不安""疲倦或无精打采""产生无价值感或不当的罪恶感""思考力下降""反复想到死亡"等中的 5 项以上症状。

"轻度抑郁症"是在一年内的大多数时间都感到忧郁或易怒，同时有食欲改变、睡眠改变、无精打采、自卑、专注力差、无望感等中的两项以上症状。抑郁症的发生率随着年龄而逐步增加，女性较男性的比例为高。

青少年抑郁症会影响其认知及社会功能，并且有损学业表现，甚至在复原很久之后仍是如此，这对青少年发展乃至成年的就业有长远负面影响。由于早发性的抑郁症是一种较严重的疾病形态，预后较差，可以预测终身忧郁及罹患其他精神疾患更加恶性的病程，以及未来婚姻适应难、逃学、失业、毒品使用、违纪行为、犯罪、车祸等。所以若能对青少年抑郁症做有效的治疗，对于未来各方面的适应、健康及安全，将有正面的影响及帮助。

在现代社会，相较于身体疾病，精神疾病往往更易遭受污名化和误解。因此许多抑郁症患者不愿公开自己的病患身份，更只有相当少数的青少年主动寻求治疗。

2016 年出版的《亲爱的我 Oh! Dear Me：250 天抑郁症纪实》一书中，作者蔡嘉佳现身说法。就读台北大学中文系三年级时她被确诊为抑郁性神经官能症。在抑郁、承受严重药物副作用时，她深刻感受到社会的不理解，对心理疾病患者的种种标签化，她决定用坦诚的记事融合文学的笔触，诉说发病过程和病情起伏的生活。

每天，她得花极大力气才能执行一件事，可能是跟人对话、出门等。大多数时间她都在与自己对抗，忍住不拿刀割动脉、不在浴室上吊、不从顶楼跳下去。她要严谨地控制自己的一言一行，不让别人操心。

在公开病程的过程中，许多人因她的文字而使痛苦得到一些排解，向她诉说不敢向其他人说出的内心世界。让同样身为患者的她，开始担任起陪伴者的角色。

嘉佳有心脏三尖瓣脱垂以及抑郁症的家族病史，算是抑郁症高风险族群。但她并不是我们刻板印象中"软弱"的人。嘉佳形容抑郁症为"丧失感受快乐情绪的能力"，从前能够快乐，在罹患抑郁症之后做什么都不开心。听别人说笑话时会哈哈大笑，只是因为知道这时候该笑，才像一个"正常人"。

病后她越来越不喜欢社交，因为她不想演戏，不想表达各种根本不存在的情绪。这也是抑郁症患者面临的难题之一，不定期地症状发作与药物副作用，让患者对社交感到疲惫，但失去社交活动又会更加封闭自我。

抑郁症的发作几乎无法预测，可能前一秒钟还好好的，在用电脑、滑手机，下一秒就突然崩溃大哭，甚至出现自残行为。突然间身体完全失去力量，只能无力地忍受痛苦。非发病期间常感受不到快乐，长期的失眠更让人心力交瘁。

嘉佳在大一时进入学生会，大二成为学生会的主席，也做媒体公关等实习工作，在一次次的活动中培养强韧的抗压能力。在以前，当她看到一些表达厌世或崩溃心态的文章，在描述对这个世界感到害怕与疲累时，会觉得是个人的情绪问题，应该自己处理，不该影响他人。

在她升大三后决定放下课外活动专心念书时，却开始慌了，整个人瞬间垮掉。过去以为失眠只是因为压力大，但放下课外活动后这一症状依旧持续，严重时，早上七八点才能睡着，这时才意识到自己可能生病了。

抑郁症发作的同时常会伴随幻觉、幻听与恐慌感，那些旁人看不到的东西就是幻觉，可是她却无法辨识，所以开始害怕走入人群，不敢进入教室。因为会幻听与幻觉，所以她没办法正常上课。她开始有文字阅读障碍，没办法好好完成考试。但不少老师不能理解，认为她拿"抑郁症"当借口。嘉佳开始对学校感到抗拒，因此决定休学，即使距离取得大学文凭只剩下几个月。

嘉佳说，跟抑郁症患者谈未来是很痛苦的，可是大多数人还是会说："为什么不试着去运动？""你可以听音乐放松心情啊！""去交朋友嘛！""找到你的兴趣，生活就会有重心啦！"抑郁症患者没有要让生活好起来的欲望，因此这些话对他们来说都没用。

就医之后，她必须每天依靠药物来控制病情，最高纪录一天吃12粒药，才能维持正常生活。很多人会觉得抑郁症患者怎么那么脆弱，这种观念是不对的，因为抑郁症并不是因为脆弱而发生。嘉佳想让大家知道很多精神疾病患者是正常、可以沟通的，疯癫或者口齿不清多半是社会给予的"标签"。

嘉佳平时和大家没什么不同，但抑郁症发作时伴随的恐慌症、双相障碍、幻听、幻觉，让她饱受分不清楚现实与幻境的痛苦。加上药物的副作用，让她丧失过往良好的记忆力、沟通与社交能力，她多次想要结束自己的生命。

确诊后，嘉佳明显感受到精神病人在社会上不被友善对待的氛围，看到更多恐惧、排斥与疏离的眼神。嘉佳知道一旦出书就面临正反两方的声浪，但为了让大家从不同方面了解这种疾病，她仍选择去做。

🌾 别让孩子求助无门

辨识儿童与青少年是否患有抑郁症是一大挑战。因为相关症状容易用其他因素解释，如处于发育期、荷尔蒙改变等。而且几乎所有少儿都常与父母、师长争论或拒绝交代的工作，所以罹患抑郁症或焦虑症会被误以为是不听话、叛逆、性格不好等，因此错失了治疗时机，甚至导致孩子离家出走、误入歧途。

不少儿童及青少年不知自己罹患了精神疾病，或身心感到痛苦时不知如何表达与求助，以致与家人频频冲突甚至断绝关系。直至读大学或成年自行就医后才知是心理疾病，于是回头修补家人关系，父母及手足也因当年对他们的误解而感到愧疚。病患得到家人的支持后，更有利于心理疾病的治疗。

成长过程中，父母制订的成功标准常导致孩子不快乐。越成功不等于越快乐，因为可能被同学忌妒、被父母师长过度期待，或为了保持成功形象而自我施压。

例如一名出过书的作者林奕含（1991 年出生），从小就是优等生，并拥有出色的外貌，但这些却使她在追求成功的过程中付出太大的代价。

准备"指考（大学入学指定科目考试，简称指考）"期间，她每天早上 5 点起床，7 点 10 分开始念书，直到晚上 10 点，回家再背《古文观止》到 12 点。但这样的作息一个礼拜只能维持两天，其余 5 天她都把自己关在衣橱里哭。不仅睡眠不足，她也没有休闲、社交活动，甚至很少与家人相处。

2007 年，林奕含在台南女中读高二，就因偏头痛、双相障碍、抑郁症而远赴台大精神科就诊。林奕含说："'上台北'这三个字，就接近所谓精神病污名化的核心。"要去一个没有人认识她的地方治疗，这个病带给她很大的羞耻感。她没有朋友，生活只剩下写文章，写失眠、辍学、吞药、跳楼、死亡、精神病房，在脸书上分享给一群为数不多但忠实的年轻读者。

心理疾病患者努力去除标签化的同时，外在社会加诸的话语与眼光却难以躲避。林奕含感慨这个社会对于精神疾病的想象，如网络上骂脏话的人，被视为精神病患者。那些拼命想将她从悬崖边拉住的关切行为，让她更感到灰心。因为他们不曾体验过这样的困境，不能理解患者痛苦的呐喊。

高三参加学测（年度大学学科能力测试，简称：学测）虽获满级分，但推荐面试落榜；指定科目考试过后进入台北医科大学医学系，两周后即办理休学。

2012 年，林奕含重考进入台湾政治大学中国文学系，因期末考缺席，她提交精神疾病诊断证明，却遭质疑其来源及用意，林奕含于大三时又休学。

2016 年 4 月，林奕含公开一段 20 分钟的视频，是自己在婚宴上对宾客的致辞。说自己从高中开始罹患重度抑郁症，曾一度失去生命的热情，甚至有幻觉、幻听、自残行为，因此自杀过很多次，进过特护病房和精神病房。

> 如果今天的婚礼让我可以成为一个"新人"，我想要成为一个什么样的人？我想要成为一个对他人痛苦有更多想象力的人……我想要成为可以实质上帮助精神病去污名化的人。

林奕含的父亲是名医，家境很好。她声称自己高二那年开始出现精神症状，生命中有件重要的事让她停滞——精神病。

> 我开始厌食，不想吃饭、睡觉、上学，什么事都不想做……生病期间做了很多荒唐事，父母不能理解我，我失去健康、亲情、爱情、友情，一无所有，很痛苦，反复自杀很多次。

后来林奕含走入了婚姻，但不到一年即和丈夫协议分居，丈夫搬离，她一人独居。2017 年 4 月 27 日，她在住处上吊自杀，年仅 26 岁。

林奕含身亡，父母发出声明：

> 奕含这些日子以来的痛苦，纠缠着她的梦魇，让她不能被治愈的主因，不是抑郁症，而是早年的一个不幸。她写书的目的，是希望社会上不要再有第二个类似例子。

抑郁症使林奕含无法进行正常的社交活动，只剩下关在书房里看书以及思索那件事情（社会偏见的压力）。抑郁症不是靠意志力可以克服的疾病。奕含受访时说：

> 很多人问我说，为什么要休学一次、两次？为什么不去工作？没有人知道我比任何人都不甘心。这个疾病剥削了我曾经引以为傲的一切，包括与父母之间的关系以及原本可能一帆风顺的恋爱，我甚至没有办法念书。

其实林奕含是多么地想要一张大学文凭，却被父母的期待、社会的价值观、精神疾病的污名化等重重障碍阻隔了。**希望天底下的父母都能多关心孩子，与他们谈谈生命中其他比课业成绩更重要的事，不要让林奕含的悲剧继续发生。**

父母发现孩子暴食或厌食、短时间变胖或变瘦、不喜欢上学或外出、躲避家人或社交活动时，就要注意孩子是否有情绪或情感问题，警惕孩子已罹患心理疾病。除了向专家请教之外，要多带孩子做简单的户外运动或去旅游，以此来帮孩子转移注意力，这些都是很好的方法。尤其是借助运动来纾解压力，是成本最低且能一举两得的好方法。

🌱 3 单亲家庭不等于问题家庭 🌱

就连双亲健全家庭的孩子都可能犯罪或有心理与行为问题，何况单亲？因此单亲家庭常被贴上问题家庭、弱势家庭甚至高风险家庭的标签。因为单亲家庭面对孩子的需求、心理成长、课业、行为发展等问题时，更容易陷入力不从心、心力交瘁的窘境（缺乏财力、人力）。独立支撑的压力、无人商量的孤寂、铺天盖地的负面情绪以及种种难以承受又不能放下的重担，使得单亲父母喘不过气来。

🌱 单亲家庭的二度伤害

不论离婚或父母一方病故、意外、自杀而形成的单亲家庭，都对孩子产生不同程度的负面影响。大人自己都难以抚平创伤，何况是孩子？年幼的他们如何化解心结，坚强地活下去？

一位年轻的妈妈因怀疑丈夫外遇而夫妻分居，使得她抑郁症复发、割腕自杀。虽及时救回一命，但因与丈夫隔阂太深，终究还是离婚了。不料，她竟于离婚当日再度自杀，使儿女永远失去了母亲。小学四年级的女儿整日沉默、哭泣，夜里不敢独睡。初中一年级的儿子表面看起来没事，却一直往外面跑，不想待在家里。

2001年的某天傍晚，新北市淡水区一处民宅发生坠楼事件。消防局到达时，15岁初三学生陈柏勋已无生命迹象。他刻意换穿新衣、新鞋，从五楼楼顶的水塔坠落。

柏勋是独子，父亲在淡水龙山寺旁卖小吃。父母离异后，他和父亲、爷爷、奶奶同住，自杀当天的中午，全家人还在同栋公寓二楼的姑姑家一起吃火锅，没人发现他有异样。消防局接到邻居报案抵达现场时，父亲、爷爷、奶奶尚在家中睡觉。

警方找到遗书，柏勋自称不喜欢读书，写道："已看破轮回，要去另外一个世界，发挥自己的才能。""请祖父母和父亲不要难过，要好好照顾身体，因为死亡不是结束，以后还会再相见。"

父亲表示，可能是儿子在单亲家庭中成长，思想早熟，才会谈到有关人生际遇、生命意义等话题，且对死后的世界很感兴趣。半年前柏勋曾向他提到，觉得自己什么都做不好，心情烦闷。当时父子俩彻夜长谈，他还劝儿子不要轻易尝试死亡。"可能儿子太过聪明才会这样。"陈父表示，儿子个性木讷，没听说他有课业压力或感情困扰，不清楚孩子寻短见的原因。

青少年尚属无忧无虑的年纪，怎会"厌世"？当柏勋提到"觉得自己什么都做不好"，爸爸能否正确解读孩子的心情？单亲家庭对柏勋留下了什么阴影？柏勋与母亲的互动状况如何？当父亲观察到柏勋不寻常的想法时，向专家或心理辅导室求助过吗？

我想有个家

某次我带领"华人无国界教师学会"的团队到某个小镇进行偏乡教育体验时，当地一名 7 岁男童很自然地对我说出下列四句话：

> 阿姨，我告诉你喔！我爸和我妈离婚了。
>
> 阿姨，我告诉你喔！我伯父和我伯母离婚了。
>
> 阿姨，我告诉你喔！我叔叔和我婶婶也离婚了。
>
> 阿姨，我告诉你喔！我奶奶都不管我，每天去唱卡拉OK。

我没有发问，他就把全部家族隐私和盘托出，表情及声调都很正常，不像大人谈起这类话题时会皱眉、叹气。但我感觉得到这孩子深深的寂寞，他需要有人陪陪他。我自己也是个没妈的孩子，母亲离开那年我也 7 岁。我可能更孤单，因为我没有伯父、叔叔及奶奶，我的单亲爸爸一人要养大 4 个小孩（分别为 7、5、3、1 岁）。

如今，单亲（及隔代教养）家庭越来越多，尤其在偏僻乡村，除了离婚还有父母一方离家出走，以及父亲或母亲入狱服刑等情形。以离婚来说，有些是因为文化背景无法融合，如外地来客。我的父母离婚后，我有时还能看到妈妈，但外地来客在离婚后有可能回到遥远的原住地，不容易再相见了。

父母一方离家出走或入狱服刑，使孩子成了"没人要的孩子"，只能当"游牧民族"（住校或轮流寄住亲戚家中），这样的情况我也不陌生。我6岁时父亲入狱，7岁时母亲离家出走，却没有地方让我们4个小孩"游牧"，我们只能待在家里（偶尔有人接济），所以爸爸常说："你们是天养大的。"

单亲及隔代教养产生的问题大家都不陌生，但真要解决并不容易，如：

1. 如何归还或弥补孩子失去的亲情？

2. 教养人力不足时，谁是替补人选？

3. 经济贫弱家庭，如何补偿孩子欠缺的生活与教育资源？

4. 孩子的身心状况及行为出问题时，谁来帮忙？

当年我们的功课跟不上，家里也没钱让我们补习（参考书都买不起）。但因爸爸重视我们的前途，所以恳求学校的老师帮忙。幸好有些老师愿意免费在课后辅导我们，以及还有公费的师范院校可以报考（不仅免学费，吃、住及买书籍和服装都另外发钱，毕业分配工作），因此我才有机会靠着受教育来翻转人生。

在爸爸的追思会上，我带着弟弟、妹妹唱了《酒干倘卖无》这首歌，感谢爸爸给我们一个温暖的家。

没有天哪有地，没有地哪有家，没有家哪有你，没有你哪有我。

假如你不曾养育我，给我温暖的生活。

假如你不曾保护我，我的命运将会是什么？

🌱 单亲长路的教养诀窍

我有一位了不起的单亲爸爸，为了让大家参考他的教养诀窍，我通过公开他的日记与家书，呈现他坚强、智慧的一面，以此来鼓励单亲及隔代教养家庭不要灰心、乐观奋斗。

日记谁都懂，但，什么是家书？就是爸爸写给儿女的信。我到台北读大学后，爸爸开始给我写信。爸爸也会要弟弟妹妹给我写信，另外还有不少由他口述、弟弟妹妹代笔的信。

我大学毕业时，他将4年间写给我的信装订成厚厚一本家书，令我相当震撼（看过的人也有同感），总共162封（这是我后来计算及标记，平均一星期一封）。为什么能搜集得这么齐全？因为在第3封家书的最后附注："以后寄去的信要保存起来，寒假时带回来。"所以我把家书带回去给爸爸，原以为只是保存，不期竟成"史料"。

让弟弟妹妹给我写信，是为了凝聚手足亲情，这部分的用意可以理解。但为何有些信是"父亲口述、弟弟妹妹代笔"？一般人都猜测是父亲生病了，无法亲自写信。其实这是他的教养绝招，借由代笔而一举多得。直接的成果是让弟弟妹妹知道姐姐的近况，间接的成果则透露父亲对每个儿女的深切关怀与指导。

爸爸根本是把单亲教养视同终身事业，儿女的前途就是他的中长程目标绩效。如今我们都能在社会上有一席之地，我成为教育博士，小妹淑芳是护理博士，弟弟新民成功获得大学学士学位，从医学系毕业后，再获大连医科大学内科学硕士学位；大妹淑慧以在职进修方式取得大学文凭及多种证件。这个过程并不顺遂，因为我们四个小孩都曾想放弃学习，也曾因行为偏差导致误交损友，需要爸爸像"牧羊人"一样带领，以免我们脱队成了"迷途羔羊"。

即使是优秀的孩子，仍有许多使父母忧烦之处；只不过在颁奖或受表扬时，大家只看成功或耀眼的一面，有意无意间忽略了孩子的不完美。双亲联手还不一定能圆满解决教养问题，而我的父亲却要单兵作战，独自面对一场至少20年才能看到尽头的亲子战争。

教养子女的过程中不可能出现神奇的阿拉丁神灯或霍格沃茨魔法学校，经受挫折与失败是大多数父母的常态。从黑暗到光明的路途远比预期漫长，这些过程要让子女知道吗？单亲故事如何能转悲为喜或先悲后喜呢？综合来说，我的爸爸成功了，其中的要诀整理如下：

▋要诀1：多与儿女谈心

教养子女要因人而异，我的爸爸颇能因材施教。但了解孩子的心理状态，需要多花时间陪伴与谈心。单亲付出的时间与心力必然加倍，还需要体力及耐心。

爸爸每天都与我们交流，不是普通的对话，如"功课写完没？考试怎么样？晚上几点回家？"，而是开放且深度地发问"谈谈你前一年的检讨与未来一年的计划"，"谈谈你的人际关系"，

"谈谈你的学校生活"。借由这些谈话来搜集信息，以便及时预防及解决子女成长过程中遭遇的问题。

如何诱导子女愿意响应父母的关怀？爸爸的方法是带我们到马路边小吃摊吃夜宵（当时可是奢华享受）。虽然只是一碗阳春面，但对贫穷家庭来说就是佳肴。从家走到路边摊是一段不短的路程，爸爸与我们边散步边谈心。路过村子的小篮球场，还要我们坐下来开个会。

其实他白天工作已筋疲力尽，但还是能专心与子女谈话，让我们感觉自己很重要、与爸爸很亲密。当我离家读书，爸爸改以信件沟通。这些做法影响了我对沟通的重视，因而开设许多沟通方面的课程，如沟通与激励、领导与沟通、沟通与表达、情爱沟通、教学沟通、商业沟通等，爸爸可以说是我沟通方面的启蒙老师。

▌要诀2：让子女承担家务

妈妈离家出走后，因为弟弟妹妹还小，家事大都由我来做：不仅要洗碗、打扫，还包括买菜、煮饭、炒菜、洗衣服以及捡柴、生火、烧水（做饭及洗澡用）。洗衣服是用一个铁盆，把衣服都丢进去，加上洗衣粉然后用双脚踩。

我及弟弟读初中、大妹及小妹读小学时，爸爸要我们共同分担家事，还用白纸黑字写下明确的工作职责及奖惩规则。

工作分配表

王淑俐：

1. 平时：每晚洗全家衣物。

2. 周日：扫地、擦三角柜、洗电饭锅、整理个人书桌、洗窗户。

王新民：

1. 平时：扫地、浇花、生火烧洗澡水、淘米、收叠衣服。

2. 周日：洗杯子、洗浴池、打扫厕所、擦饭桌、擦自行车、整理个人书桌。

王淑慧：

1. 平时：买菜、炒菜、每月轮换洗碗。

2. 周日：清理洗衣机、擦橱柜、清理冰箱、晒棉被、整理个人书桌。

王淑芳：

1. 平时：打扫客厅、淘米（下午）、生火烧洗澡水（下午）、每月轮换洗碗、收衣服（下午）、洗衣服（助大姐）、保管钥匙、依父命做零碎事。

2. 周日：拖客厅地板、每三星期地板打蜡一次、帮忙父亲擦摩托车、整理个人书桌。

附记：

1. 代理人：王淑俐→王新民→王淑慧→王淑芳→王淑俐。

2. 周日晚上8点前一切工作必须完成。

3.每月最后一周颁奖绩优一人（由上述四人投票选出）。

4.违父命则扣除奖金（次数最多者），违父命次数由淑芳记录，功过可相抵。

5.依个人交情互助不在此限。

▌要诀 3：期待与赏罚差异化

经济条件较差的父母，常担心自己能力不足，使孩子发展受限。例如无法指导孩子课业，无力让孩子读更好的学校或去补习。于是可能采取极端的态度，不是期望过高或高压手段，就是相信宿命论而不再对孩子抱有期待（相信天生不平等，让孩子自生自灭）。

我的爸爸选择中庸之道与"胡萝卜政策"，不论子女眼前的课业成绩如何，对于孩子的期望都只比现状稍稍高些。就像为了鼓励马儿前进，让它看得到眼前的胡萝卜，为了吃到萝卜而一步一步向前走。当我们进步了，爸爸就很高兴，并不会过度抬高标准，以免孩子累得喘不过气来。

我和弟弟分别读高中和初中，大妹及小妹读小学时，爸爸制定了每个孩子的"个性化"成绩标准及奖惩办法。

王家子女教育奖惩办法

王淑俐：

奖励（1）平时：任何科目 90 分以上 5 次→10 元。

（2）月考：四科 80 分以上、二科 70 分以上 → 20 元。

惩罚（1）平时：三科不及格 → 2 板。

（2）月考：一科不及格 → 2 板。

王新民：

奖励（1）平时：一张奖状 → 30 元。

（2）月考：全部 70 分以上 → 10 元。前五名至第一名
为 50、50、100、150、200 元。

惩罚：月考一科不及格 → 2 板。

王淑慧：

奖励（1）平时：一张奖状 → 30 元。

（2）月考：三科 90 分以上、无不及格 → 30 元。

惩罚：月考一科不及格 → 2 板。

王淑芳：

奖励（1）一张奖状 → 20 元。

（2）月考：前三名至第一名为 30、40、50 元。

惩罚：月考一科不足 90 分 → 2 板。

从前的父母大多数会体罚孩子，但我的爸爸只象征性地打两
下，但奖励的时候却特别慷慨且标准从宽。当时我不明白为何弟
弟妹妹的标准比我低，奖金却比我高。爸爸回答："有钱能使鬼
推磨。"例如小妹淑芳就应了"重赏之下必有勇夫"这句话。在
她考高中时，因为父亲的重赏策略，她在补习班 75 人中，从第

30名、第16名，一路上升至第10名、第5名、第1名，进步神速。后来她考取第一志愿高雄女中，五专也可去第一志愿高雄工专或文藻外语学院（后来决定读高中）。

▎要诀4：善于激励

每次提到爸爸的激励故事，都好像是在讲述魔术或奇迹。他总能在子女身上看到各自的长处与努力，例如父亲常在亲友面前赞美我："我的女儿就是手不释卷。"这使我"信以为真"，将书本变成标准配备，随时随地带着一本书，偶尔还要停下来做"阅读表演"，让别的父母对子女说："你看人家王姐姐多么用功，多么喜欢看书啊！你们要多学学。"爸爸常在事实发生前提早赞美，现今的用语即是"超前部署"。

爸爸相信无论如何失败，只要努力终会成功。当我课业受困、怎么都学不会时，爸爸说："遇到困难是因为还不会，学会就不难了。"这让我相信学习不是靠天生聪明才智，而是后天的"愚公移山"。

后来我离家到台北读大学，他每周至少一封家书对我进行远程鼓励。我一直很好奇，爸爸对弟弟妹妹又如何激励？以小妹淑芳来说，遭逢"家变"时不到两岁，她眼中的爸爸又为何形象？

淑芳曾是慈济技术学院护理系专任副教授，多次获得"教师学术评价卓越奖"及"教学绩优奖"，接受报纸及电视台专访时她说：

爸爸的 60 分哲学及德、智、体、群四育并重的教育观念，深深地持续地影响着我。

淑芳从小是运动高手，田径、跳高、跳远、游泳样样精通且得奖无数，但就不喜欢读书。此时，爸爸认真地说：

人不应该在上学的时候读书，放学的时候还读书，书看多了，伤眼睛！

这口吻很像《佐贺的超级阿嬷》（当时还没有这部电影）中的台词，任何一个不喜欢读书的孩子都听得进去。淑芳说：

每次想起小时候的学习经历，不论是小学时有些老师规定考不到 100 分少一分打一下，还是高中看见五十几分的考卷就掉眼泪，觉得自己糟透了，这时爸爸总是说："你已经很厉害了。教育部说及格是 60 分，超过的就是赢，不够也只差几分，这样已经很好了。"

说出这段话的爸爸，不仅是说话的艺术家，更是说话的魔术师。淑芳常说，因为这样的鼓励，当她轻轻松松就能考到 60 分时，就不再排斥读书了。而且对自己产生了信心，觉得读书并不难！

初中毕业时，淑芳没有考取任何公立学校，想去工厂赚钱。

爸爸知道当年唯有升学才能脱贫，但强迫她读书只会产生"反效果"，于是爸爸说：

> 人活着还有许多事情可以做、可以学习，不是只能念书！德、智、体、群要并重。所以，每一个人都应该多出去玩，多出去做运动，去与别人谈话，行行出状元。

在父亲的认同下，淑芳开始了"加工区作业员"的生涯；然而不到一星期她就发现，这样紧凑又重复的工作，完全没有多出去玩，出去运动，或与别人谈话的机会。她觉得"还是读书好"，于是决定发奋图强，进入补习班准备重考。

为了诱发淑芳读书的动力，爸爸投其所好，以考上高中就给予高额奖金的方式来激励她，终于使淑芳成了补习班的黑马。爸爸在日记上说：

> 淑芳重考这一年非常用功，全班75人，第一学期总成绩从第30名进步到第16名，第二学期就考了第1名。每天按时上学、准时回家，读书到深夜。实在疲倦想睡觉时，为了不打瞌睡，就跪在地上读书、站在椅子上读书。

不少成功人士认为，不应该只求低分飞过，而要追求卓越。如名厨阿基师说："不要抱着60分哲学，可以做到90分，就要做到 90 分。"然而不是每个人都能达到 90 分，对某些人来说这可能是"最遥远的距离"。所以爸爸面对还不及格的淑芳，只鼓励她达到及格就好，并告诉她及格就很厉害了。这不仅让淑芳松了一口气，并且激发出斗志。她发现自己不仅能及格，还能考得更好。

"如果爸爸眼中，考及格就很厉害；若考得更好，爸爸一定很惊喜吧！"淑芳想。你看出其中的诀窍了吗？我的爸爸不仅是位魔术师，还是位好演员，能将孩子的成就带给他的喜悦，演得层次分明。这部分我也很有体会，爸爸总能对我的好表现，发出戏剧性的赞叹。

淑芳从高雄女中毕业后，就读中山医科大学护理系（获得"建校 50 周年杰出校友奖"）。结婚生子后，公费赴英国进修，取得利物浦大学护理硕士。年过 40，再取得高雄医学大学护理学博士学位（并获"最佳博士研究生奖"）；也是台湾首位取得"国际认证泌乳顾问"资格，并在医院开设"母乳咨询门诊"的护理人员。

在学生眼中，淑芳是位怎样的老师呢？

淑芳老师给人开朗大方的印象，在学生眼里是位好伙伴，有她在的地方就有笑声。淑芳老师认为你如何看待你自己，别人就会如何看待你。所以她鼓励学生要有自信，别人才会对你有所肯定。

淑芳老师常常在幽默、轻松的气氛中，带领同学思考，同学可以自在、自信地回答问题。如果答错了，老师极少责备；答对了，老师一定给予鼓励。这就激发了学生主动寻找更多问题及答案的动力。

受之于单亲父亲的教导，她形成了怎样的特质与人生态度？淑芳对自己的描述是：

> 我出生于高雄县大寮乡眷村，母亲因故与父亲离异，父亲独自扶养当时才两岁大的我及其他三位兄姐。父亲一生豁达无惧，教育子女采取"无为而治"的自主教育观念。
>
> 最敬爱及亲切的父亲虽于 2004 年 2 月往生，然而父亲的"60 分哲学"依旧引领着我朝向均衡发展与知足常乐的人生迈进。从过去之成长背景与人生历练来看，我认为自己最大的优点是：
>
> 1. 开朗的个性与积极进取的人生态度。
> 2. 不畏艰难，勇于向自己的弱点发起挑战。
> 3. 乐于与他人合作，共同成就好事。
> 4. 勇往直前，勇于负责的态度。

爸爸教导我及淑芳的方式截然不同，淑芳是"60 分哲学"，对我则是"要做 120 分的准备"。但我们都很幸运，有一位乐观奋斗、因材施教的好父亲。他知道如何为孩子的未来铺路，因为成功绝不可能一步登天。

▌要诀 5：绝不放弃（勤能补拙，各展其能）

这部分在我们四个孩子身上都看得到，因为我们都不太聪明，靠着不断苦读才能有所收获。大妹淑慧的奋斗之路最为艰苦，所以对这点的感受最深。她觉得爸爸的教育哲学是每一个孩子都有他的特长，对任何孩子都不能放弃。淑慧说：

> 爸爸常直接说我："你最笨、最不会念书，可是你善良不计较，你傻！"但我并不生气，因为他更常说"傻人有傻福"，"吃亏就是占便宜"。其实我不是不计较，只是爸爸的观念让我觉得，吃尽所有的苦反而是自己占了便宜、获得更多。
>
> 我很自卑，因为哥哥、姐姐及妹妹都很会念书且有所成就。可是爸爸却对我非常肯定，向别人介绍我的时候都说："这是我最漂亮又温顺的女儿。"所以爸爸有许多朋友很喜欢我，要认我做干女儿。
>
> 爸爸对我影响最深的一件事，就是要大姐一定得把我介绍进入"台湾省教育会"工作（会址设在台湾师范大学，当时大姐在那儿任职）。因为只有在那儿工作，才有更多机会认识到跟大姐一样有学问及工作稳定的人，能找个好老公。
>
> 爸爸真是有远见，的确如此，后来我因为在教育会开办

口才训练班，认识了我未来的嫂嫂赵已燕老师，她就是来参加课程的学员。她将担任计算机工程师的小叔子介绍给我，我幸运地真的嫁了个好老公。感谢爸爸、感谢姐姐，让我拥有了安稳、幸福的生活。

当时我在工作上遭遇很多困难，去问大姐时，她都不肯听我说话，对我非常严格，只让我觉得自己不能让她丢脸。可是爸爸从来不会让我觉得我会让他丢脸，他总是很民主地把我当成朋友、听我诉苦，给我信心，说我做得到，很有耐心地回答我生活与工作上的所有问题，让我充分感受到爸爸的爱以及支持我的力量，让我能勇敢向前。

爸爸对我的爱非常具体，每次回高雄的家，他总骑着摩托车到机场接我，并且先买好我爱吃的东山鸭头，还亲自卤猪脚给我吃。那是爸爸爱的味道。

我在外商公司工作的第一年，就要上电视台销售公司的商品。那时我非常紧张，在电话里告诉爸爸这件事，爸爸立刻回答："你有什么好紧张的，你就上去，没有问题的。"那天是他往生的前一天，直到最后，他都是那么爱孩子，对孩子那么有信心。

第 2 篇

"刚刚好" 的沟通

4 有一种好，叫作"父母为了你好"

许多父母不觉得自己"教养不当"，是因为被伟大的目标所蒙蔽，也就是希望孩子成功。仿佛只要孩子成功，运用一切手段都值得。

"控制型教养"是不适宜的教养行为中最常见的一种，父母明示或暗示孩子，若不遵守要求将承受严重后果。父母的控制无所不在，小至如何交友，大至生涯规划。他们通常给出"这是为你好""是因为爱你才这样对你"的信息，让孩子将想反抗的心意转化成罪恶感，只好无力地选择顺从。

控制型教养除了使子女产生疲惫、焦虑、抑郁、困惑等负面状态，对无法控制人生感到无助外，日后自己可能也会成为控制孩子的父母，继续严格左右孩子的人生。

"为了孩子将来成功"的教育理念

我的父亲很擅长与孩子沟通，包括面对面交流及书信交流，且都掌握得恰到好处。沟通是一门技艺，不是看一看就能学得会。

我试图模仿父亲的做法，却"画虎不成反类犬"。使用不当的原因是我的"动机不良"，因为我把沟通目标定为想让孩子考高分、进好学校。

作家王文华曾发表《向下开的樱花》一文，提醒家长看清"高分的福与祸"。王文华说，自己很会考试，曾考上了第一志愿。但他担心的是，大家只看到他人成功的一刻，却不知道这些考上第一志愿的学生后来过得怎么样。

> 当你考上状元时，大家争相报道。20年后，当你抑郁、破产、入狱，甚至自杀时，很少有人会关心你，更少有人会把你跟当年那个状元联想在一起。

王文华指出，父母误以为会考试的儿女一定"十项全能"，而且一直对孩子施压。其实，第一名、满分只在求学时有意义，进入社会后，很少有人还在乎这些。人生的考题很难，没有人能每一科都得高分，但有多少父母与王文华有一样的感悟，并能及时醒悟呢？

▍虎妈的战歌

《华尔街日报》曾刊登一篇书评《为何中国母亲更胜一筹？》，是针对耶鲁大学法学院教授蔡美儿的自传《虎妈的战歌》（*Battle Hymn of the Tiger Mother*）一书而写的。蔡美儿说：

中国的家长是怎么把子女教养得那么成功的……这我倒是可以告诉你，因为我是过来人。

蔡美儿的"过来人经验"是指绝不准女儿做下列事情：

1. 去朋友家过夜。

2. 参加朋友聚会。

3. 参加学校话剧演出。

4. 看电视或玩电子游戏。

5. 自己选择课外活动。

6. 任何一科成绩低于 A（除了体育和戏剧以外）。

7. 学钢琴或小提琴以外的乐器。

看到这些绝对不准做的事，你是否感到不可思议？更令我好奇的是，她为什么要这样做？能完全执行吗？

在美国，华人子弟学业优异早已广获认同。《虎妈的战歌》引发广泛讨论，是因为察觉到美国开始没落，中国崛起更让美国备感威胁。《时代》（Time）杂志将虎妈故事登上封面，蔡美儿获选 2011 年"时代百大人物"，这使美国媒体对"中国式教育"再次感到紧张。在此之前令美国社会大为震撼的是，在 2010 年底，中国首次参加经济合作与发展组织（OECD）举办的"国际学生能力评量计划"（PISA），在 34 个参加国家或城市代表中，中国上海取得了最好的成绩。

虽然虎妈和女儿们一直"斗心机"、比耐力，但女儿的表现仍然非常出色。大女儿苏菲亚申请到哈佛及耶鲁两所顶尖大学，一家人出席百大人物晚宴时，母女三人一团融洽、极为亲密。这些都令美国人困惑，难道虎妈教育真的比西方妈妈好？

蔡美儿的原生家庭成员各个非常成功，都有极高的学术成就。蔡美儿是四姐妹中的老大，是 1984 年哈佛大学的"极优荣誉毕业生"，1987 年以"荣誉毕业生"的身份取得哈佛法学院法学博士学位，在校时还担任《哈佛法律评论》（*Harvard Law Review*）主编。

二妹美夏毕业于耶鲁大学法学院，三妹美文拥有哈佛大学法学、哲学及医学三个博士学位，任教于斯坦福大学。小妹美音虽是唐氏儿，但母亲并未放弃她；除了练钢琴、画图、背九九乘法表，她还获得国际残障奥运游泳项目两项金牌。父亲蔡少棠是菲律宾籍华人，从小渴望去美国，麻省理工学院接受他的申请后，他不到两年即取得博士学位，担任加州大学伯克利分校电机系教授。母亲也很优秀，以全班第一名成绩毕业于圣·托马斯大学化工学系。

第一代移民都希望子女能在美国立足，融入主流社会并出人头地。蔡美儿的父母以严厉的教育将子女培养成杰出学者，不惜以"羞辱"的方式（包括骂孩子"垃圾"），激发儿女的斗志与潜能。奇特的是，孩子不仅不觉得自尊受伤，还能从中找到力量与自信。

蔡美儿说自己在中学阶段有一次历史竞赛得了第二名，邀家人来参加颁奖典礼。因为不是第一名，所以爸爸对她说："以后绝对不可以再让我那么丢脸。"

蔡美儿小时候因为对妈妈出言不逊，被爸爸骂"垃圾"。她觉得这句话很有效，让她知道自己很糟糕并感到非常羞愧。且爸爸的责骂没有伤到她的自尊心，反而觉得是被父亲看重。所以有一次女儿苏菲亚对她非常不礼貌，她也骂孩子"垃圾"。

蔡美儿认为她的成功归功于父母的严厉管教，蔡美儿叙述自己的学习历程是：

> 每天下午都要在家做数学习题和弹钢琴，绝对不准去朋友家过夜……成绩单必须每一科都是优等。

蔡美儿可以接受这样的教养方式是因为在中国的传统文化里，孩子对父母的要求绝不敢置喙或者不听从。

美国移民一般到了第三代就会走向衰微，蔡美儿下定决心绝不让蔡家衰微，她的"反衰微活动"体现在古典音乐及课业两方面的教育上。她说："我只让孩子学习有意义、难度高的才艺，如钢琴、小提琴，而非随随便便的才艺，如手工艺、打鼓。而课业成绩则一定要拿第一，这样才有可以谦虚的本钱。""绝对不要抱怨、找借口。学校就算有什么事看起来不公平，只要加倍努力，表现再好一倍，证明自己的实力就好。"

▌中国妈妈的教育观

蔡美儿以"中国妈妈"自居，因为她属虎，给自己取名"虎妈"，并以属虎为傲。

> 属虎的人人格高尚、无所惧、个性强、有权威、有魅力，而且常受幸运之神眷顾。

蔡美儿这个"中国妈妈"的教育观点及做法，整理如下：

注重学术成就

中国父母的成功，建立在孩子的学业成就上。他们花许多时间及精力督促孩子做功课，认为只要够用功（反复不断、不屈不挠地练习、做许多测验卷），就能拿到顶尖的成绩。

> 学术成就反映出教养成功，反之即代表教养有问题，中国父母每天陪孩子做功课的时间，是西方父母的 10 倍。

因为对子女怀有很高的期望，所以当小孩把写着 B 的成绩单拿回家（蔡美儿认为这只是假设，绝无可能发生），会引起父母尖叫和气急败坏的反应。大受打击后，中国妈妈会拿几十张甚至几百张测验卷和孩子一起练习，练到孩子的成绩进步到 A 为止，且她们认为这是孩子能力所及的事情。

高压手段

中国妈妈不认为学习有何乐趣可言，而且孩子大都被动、抗拒下工夫。唯有勤勉及纪律才能扩展自信、学得本事，所以父母通常得坚定地要求孩子不屈不挠地练习、练习，再练习，这是追求卓越的不二法门。当孩子的表现优异之后，自然会产生"成就感—满足感—学习动机"这一良性循环。

小孩子一旦开始精通某件事情，无论是钢琴或是数学，就会得到赞美和满足感，让这个原本不好玩的事情变得好玩起来，而这又使得父母更容易让孩子再加把劲。

有一次，苏菲亚的乘法演算竞速比赛成绩输给一个韩国男孩，接下来那几个星期，蔡美儿每天晚上让苏菲亚做 20 次乘法演算练习，每次 100 题，此后苏菲亚就都是班上第一名。

为了让孩子达到顶尖，中国父母不惜责骂、惩罚及羞辱子女，他们相信子女可以承受。

要是拿不到，只有一个原因，就是不够用功，所以当然要予以责骂、惩罚和羞辱。中国家长认为子女够坚强，承受得了这种对待，而且成绩会因此变好。

成功才有自信

虎妈坚信成功与自信具有正相关关系，小女儿露露 7 岁时练习弹钢琴曲《小白驴》，一个星期都练不会。露露赌气不练了，于是虎妈一阵拳打脚踢，还将琴谱撕烂，即使丈夫也无法劝阻。

　　我们没有吃晚餐，就这么一直练到晚上，而且我就是不让露露起身，不让她喝水，甚至不让她上厕所。……意想不到的是，就在这个时候，露露竟然做到了，她的双手突然就配合得起来了。

　　蔡美儿当时扬言不给露露吃午餐、晚餐，没有圣诞节、哈努卡节礼物，以后两年、三年、四年都不帮她办生日会。告诉她别再偷懒、害怕挑战、纵容自己，别做出一副可怜相。虽然丈夫要她别再羞辱露露，但结果证明虎妈"永不放弃孩子"的教育方式是有效的。虎妈对于能以事实来说服丈夫，感到相当自豪。

　　两个女儿的钢琴和小提琴练习无一日间断，包括生日、生病。即使出国旅行，虎妈也能租到钢琴让孩子练习；虽然因此破坏了旅游行程与兴致，只要能成功、获得赞美，虎妈觉得一切都值得。

　　我和露露常常陷入越演越烈的冗长争执，浪费了许多时间，常常不是错过了博物馆开放时间，就是不得不取消餐厅订位。但这一切都是值得的。

　　即使休假，孩子琴艺仍然在进步，这令音乐老师啧啧称奇，又增强了虎妈的教育信念。虎妈强迫露露报考茱莉亚音乐学院，结果落榜。此时虎妈想到的不是面对失败，而是快速找到下一个成功目标。她要趁早确保露露达到和苏菲亚同等程度的成功，否则就来不及了。

> 中国家长非常不擅长处理失败……中国式的教养模式只有一个，就是设法成功，在这个目标下自然形成了"信心—努力—获得更多成功"这个良性循环的运作方式。

替孩子做决定

在虎妈眼中，与子女是不需要沟通的；孩子只能乖乖听父母的话，不能有自己的意见。

> 中国父母自以为清楚什么对子女最好，所以不把子女所有的欲望和喜好当一回事。

所以孩子永远不敢对父母说："我要参加学校的话剧演出！每天放学后3点到7点都要在学校排戏，周末你也要送我去学校。"蔡美儿自己的成长过程也是如此，她的父母从不给她任何选择，从不问她的意见和看法。

做模范儿童

虎妈从小就是个备受赞美的"模范儿童"，所以她希望女儿像她一样，别给父母丢脸。

> 苏菲亚和露露是模范儿童，她们彬彬有礼、讨人喜欢、乐于助人、谈吐得体。她们是优等生（苏菲亚的数学能力领先同学两年）……演奏古典音乐的功力让人称奇。

常有家长问她到底有什么教养秘诀。蔡美儿认为，她所认识的亚洲孩子，虽然承认父母严格得令人受不了，但还是孝顺父母，而且心怀感谢、全无怨恨。

🌱 孩子对父母的质疑与反抗

虎妈并未描述自己是否曾质疑过父母，但二女儿露露却从3岁开始反抗她。

> 我与露露的关系很难描述，用"全面核式战争"还不足以形容。讽刺的是露露非常像我，因为她遗传了我的坏脾气、毒舌，还有不记仇的个性。

露露3岁第一次上钢琴课时就不肯弹，而且鬼哭狼嚎、拳打脚踢。于是虎妈把她拖到后面的走廊门口，把门开得大大的（户外温度 –6℃），威胁露露："若不听话，就到外面去。"

我下定决心，就算把命豁出去，也要教养出听话的中国小孩。

没想到穿着单薄的露露竟然走了出去，怎么劝都不肯回屋。虎妈为了避免被儿童福利机构关起来，只好苦苦哀求及贿赂露露，她这才心满意足地进来泡热水澡、喝热巧克力奶。

不过露露也低估了我。我只是重新整装罢了。战线已经拉开，只是她还搞不清楚。

从此以后，母女战争长达10年。

露露练琴时，我们母女之间总是少不了唇枪舌剑，不是威胁勒索，就是出言恐吓。

露露6岁第一次上小提琴课时，虎妈就对她说，苏菲亚9岁得到第一个演出奖，露露会比姐姐更早拿到奖。但露露说她讨厌比赛，一点也不想学小提琴。虎妈威胁要打她屁股，而且不给她吃晚餐，这才把她送进教室。

虎妈知道女儿不满她的教养方式，但她不惜令孩子讨厌、与孩子斗智，也要为孩子开创成功的人生。

苏菲亚和露露的感情超好，两人成为战友，共同抵抗专横又狂热的妈妈。"她有病。"我会听到她们两个压低声音说，然后吃吃地笑。

虎妈不在乎孩子的批评，她常对两个女儿说，当妈妈的目的就是为孩子的未来做好准备。露露12岁就考上久负盛名的青年管弦乐团的首席（年龄比大部分团员都小），获得康涅狄格州"神童奖"。所有成绩都是A，法语和拉丁语朗诵比赛也获得冠军。但露露的反叛更加明显，不肯练琴，对虎妈的一切都唱反调，故意在公开场合顶撞虎妈。虎妈的母亲看了都忍不住提醒蔡美儿：

你不要这么固执，你对露露太严格、太过头了。你将来会后悔的……你不能做爸爸和我以前做的事，因为时代不同了。露露不是你，也不是苏菲亚。她的个性不同，逼不得的。

然而虎妈仍不放手，母女争吵越演越烈。有一次露露要求剪头发，虎妈说：

你跟我讲话这么没礼貌，拉门德尔松的作品时又不肯表现出音乐性，你还指望我开车送你去你想去的地方吗？

当晚母女大吵一架，露露把自己锁在房间里，用剪刀把头发乱剪一通。丈夫杰德要虎妈一定得做出改变，问题已经很严重了。

但虎妈不为所动，她告诉杰德：

> 没什么大不了的，不要无中生有地制造问题，我可以处理的。

一次，一家人去俄罗斯旅游，母女俩在莫斯科红场的一家咖啡馆发生激烈冲突，13岁的露露向母亲吼着：

> 你根本就不爱我，你以为你爱我，你爱我才怪。你只是分分秒秒地让我觉得自己很差而已……你是个可怕的妈妈，你自私，你只想到你自己……你为我做的每一件事其实都是为了你自己。

虎妈也大声回应："你是个可怕的女儿。"

露露当场砸碎玻璃杯。虎妈觉得自己一辈子都不屑西方父母管不好孩子，而今自己的孩子却如此不尊重人、没有礼貌、暴力、失控，于是虎妈跑了出去，像疯子似的边跑边哭。

虎妈会这样逼迫孩子，来自她的母亲，从小到大，虎妈没有一件事令母亲满意。即使身为教授，她邀请母亲来参加自己的公开演讲，大家都夸奖她讲得精彩时，母亲仍不停地提供一些听来刺耳的批评。

虎妈一直认定中国子女不论父母如何苛刻，仍然敬重、孝顺父母。可是，她自己的父亲并不这样。因为祖母不尊重父亲的选择、不在乎他的自尊心，使他讨厌家人，并逃离那个妨碍他发展、令他窒息的家；蔡美儿的爸爸几乎当他的家人已不存在于这个世上。

虎妈终于放手了，她同意露露离开管弦乐团（露露想空出周六上午打网球），也不用每星期天去纽约上小提琴课。面对二女儿的叛逆，虎妈虽然修改了教育方式，但她表示大多数时候还是用中国妈妈的方式教育子女。她为女儿们感到骄傲，她们不仅在校表现很好，而且都很善良、宽容、独立。

苏菲亚曾对谩骂她的妈妈的读者们，做了书面回应，叫作《我为什么爱着严苛的中国妈妈》（*Why I Love My Strict Chinese Mom*）：

> 很多人质疑你养育出的是不会思考的机器人孩子……我思考，正是你严苛的教育才迫使我成为一个独立的人。
>
> 什么才叫有意义的人生？……是知道我已经尽了全力，发挥了我的全部潜能。

尽管苏菲亚也曾懊恼小时候没能跟朋友出去玩（因为必须参加钢琴夏令营），但成年之后，她却深深感谢虎妈的严苛，使自己做得到原本绝不可能做到的事。苏菲亚说，即使明天死去，但知道自己已经把生命活出了百分之百，都很值得，所以很感谢虎妈。

露露读哈佛大学时，表示很多人都误解"虎妈"。其实虎妈不同于"直升机父母"，她不会时刻盘旋在孩子的上空进行监视，而是在孩子学会做人做事的道理后选择"放手"，因为虎妈相信女儿已经有能力在人生路上做出不令自己后悔的选择。

▌父母的"惊醒"

刘轩（作家刘墉之子——编者注）在《怎么养小孩？——从〈虎妈的战歌〉看华人母亲的两难》一文提到，美国家长一方面被虎妈吓呆了，怎能对儿女施加如此的压力与极端要求？又不得不佩服她们获得的成就——大女儿14岁便在卡内基音乐厅独奏，二女儿是学校交响乐团首席，被世界名师收在门下。

刘轩发现自己的成长背景跟书中情节类似到离奇的地步。他弹钢琴，妹妹拉小提琴。妹妹当过学校交响乐团首席，一样考过茱莉亚音乐学院。刘轩则在十几岁那年登上卡内基的独奏舞台。刘轩的母亲也属虎。

刘轩从"过来人"（美国移民家庭）的角度解读亚裔父母的心理。他们会这么严厉的原因有三：

1.希望孩子接触高等文化，成为人上人。

2.让他们在幼年时就通过练习习得吃苦耐劳的精神，锻炼自律的能力。

3.逼他们获得一些成就，从同龄人中脱颖而出、建立自信。

刘轩不认为每个孩子都能通过练琴来锻炼自律能力，而且这类孩子到了大学的自由环境，反而无法适应。小时候赢得一些比赛和奖项虽对提升自信有帮助，但这个成就必须靠自己获得而非父母逼迫。

虎妈夫妻或刘轩的父亲都担任大学教授或名师，对孩子有很高的期望，也能成为儿女的教练，督促他们获得"金牌"。但身为餐厅服务员、工厂作业员的父母，何尝不希望儿女成功？他们也试过严格的管教，但无奈不仅事与愿违，还造成儿女无可弥补的伤害及两代人严重的冲突。

从虎妈的种种做法看来，天下父母因此惊觉或警觉到什么？

如果儿女可以"选择"，他们想成为"人上人"吗？

顶尖的学术成就、超前的杰出表现，也许不是儿女真正想要的（为此过得"不像人"）。他们与父母的价值观不一定相同，他们也盼望父母能接受及支持他们自己的人生选择。

父母应多思考**"我如何与孩子讨论他的未来？我如何教导孩子从失败中学习？我如何培养孩子积极、进取的态度？"**。这样就足够了，而非一定要孩子赢过别人或表现得非常优异、杰出。

儿女期盼怎样的家庭关系？

子女更盼望一个整洁、温馨的家庭，家人一起亲手准备营养、可口的食物，从容地共同用餐。他们希望父母聆听自己说话，亲子之间有良好的情感交流。

父母应多思考**"我的孩子尊敬及信任我吗？我与孩子的沟通有哪些障碍？我能够正确赞美及鼓励孩子吗？我花了多少时间与**

心思为孩子准备食物？我做了什么努力使他们拥有好心情？"。

对儿女言语羞辱及身体掌控，要付出什么代价？

"虎妈"也许活在女儿很成功、母女感情很亲密的自我陶醉当中，所以觉得对儿女的言语羞辱及身体掌控都很值得，完全不考虑可能对孩子造成哪些身心伤害。

但父母还是要检讨**"我正在或曾经伤害、虐待过孩子（语言、身体、精神）吗？我是否不尊重、不信任孩子？这样做，对孩子的未来是否会造成负面影响？是否会得不偿失？"**。

父母是否因自身的问题而迁怒于儿女？

蔡美儿因为自己父母的教养方式使她成功，因此"复制"到儿女身上。即使她知道自己的父亲并不满意爷爷奶奶的教养方式，甚至彼此形同陌路，蔡美儿仍选择忽视这个后果。至于她自己或与丈夫之间是否还有其他问题，书中所谈甚少。

父母是否会因自己的问题而迁怒子女？例如夫妻感情不和睦、工作过于忙碌且压力很大、单亲的疲惫、父（母）在外地工作而对孩子疏于管教、脾气不好、失业等，这些未解决的问题会严重影响心情，以致不小心将负面情绪宣泄在孩子身上。

如果孩子有特殊状况而无法严厉要求，怎么办？

虽然蔡美儿有个妹妹是特教儿，但她的母亲仍给予严厉要求，这样的做法真的适合每个特教儿吗？

孩子若为"安琪儿"（angel，代表各类身心障碍的孩子），或学习成绩差、被霸凌、想休学、想自杀等，父母进行严厉的管教还会有用吗？不会酿成悲剧吗？父母有能力帮助这些特殊的孩子吗？

"为了你好"的沟通与教养方式，是对孩子的"过度保护"，会让孩子产生依赖心，甚至引发亲子冲突。这样的父母即使在孩子长大之后，还是会经常表达"靠你自己，怎么可能成功""少了我，你果然还是不行""你依然不成熟，要我操心"的想法，希望把"控制"延续下去。

5 化解亲子的心结

现今父母常感叹，为何从前家里不富裕时孩子更为懂事、能忍耐，能体谅父母的辛苦、感恩父母的付出，而今物质享受比从前好得多，孩子却不满意，常与父母发生争执？

父母希望孩子用功、懂事、有责任感、找到人生目标、结交益友，但在操之过急之下，沟通方式（含身体语言）并不适当。如不断责怪孩子懒散、幼稚、不负责任、缺乏目标、虚度光阴等，反而把孩子推向深渊，与父母的距离越来越远。除非父母承认自己有问题，才能改变沟通策略、化解误会，真正赢得孩子的认同。

不被父母了解的痛苦

我有个学生颇为消极、悲观，他苦笑说，是因为父母把他的翅膀剪断了，现在他不想飞也不能飞了。以前他想做什么父母都不同意，而今他没有梦想了，只想离家越远越好。

孩子想飞有什么错？如赵传的成名曲《我是一只小小鸟》："想要飞呀飞，却飞也飞不高。"孩子各有优点，父母不能拿同一标准衡量不同的孩子。有些孩子的天分不在文化课上，而在体育、艺术、人际关系、创意、领导才能。所以父母不要执着于学业成绩，而要突破自己的"视觉框架"，看到孩子学业之外的亮点。心理咨询师王意中说：

> 亮点的界定没有一定的标准，只要是这个家庭的成员彼此认可的特质，都可被看作亮点。例如贴心懂事、善解人意、谦虚、尊重、温和有礼、诚实、信任、对自我负责等。

从长远来看，好的品格与特质，比好的学历更经得起考验。并不是每个人都很聪明、会考试，即使从名校毕业，也不等于未来一定会成功。

兄弟姐妹之间别陷入成绩、排名等课业的攀比，尤其家中有个优等生时，父母更要小心造成"手足失和"问题，因为：

> 优等生这三个字有时就像魔音传脑，对于家中其他孩子来说，更像是深海声呐一般的尖锐、恼人的词……发挥同理心，适度把它关闭吧！

有些父母有意无意将"优等生"三个字挂在嘴边，认为可以激励孩子。但其实，即使对当事人而言，"优等生"也不见得是个光环。重点学校的竞争压力很大，孩子容易感到挫败与自卑，他们的心情可能是：

进入这所人人称美的梦幻高中，对我来说一点也不梦幻，甚至可说是一场我想拔腿就跑的噩梦。我到底是谁？没了第一名光环的我，还是原来的我吗？

考上第一志愿的学生，从前是班上的第一名，但如今焦点不在自己身上时，是否会怀疑自己的能力甚至存在的价值？

功课好的孩子也有相对应的烦恼，如被忌妒、不受欢迎、难以与人建立亲密关系等。不擅长读书的孩子却可能活泼善良、热心助人，只是这些优点被学业成绩所掩盖。

孩子的烦恼除了学业，还存在于人际关系、情绪管理、自信心等方面。所以，当他们出现"负面行为"，往往是一种"求救信号"，不是真的"变坏"了。就算孩子交到坏朋友或有偏差行为，只表示需要父母的接纳、关怀与及时导正，父母千万不能只是生气、失望，甚至直接放弃孩子。可惜，许多父母会加倍责备与误解孩子，不能同理他们内心的痛苦与想要变好的需求。

▎亲子沟通的"避险策略"

亲子沟通不良，会带来哪些风险？后果是否能够承担？如孩子顶撞、忤逆、逃避父母，甚至逃学、离家出走及犯罪，以及患上心理疾病、自残、自杀等。

一对高中生恋人，因为父母反对他们交往，于是一起离家出走。经报警被找到且分别被带回家后，两人竟然相约在女生家坠楼殉情（女死男重伤），造成恶劣的影响与无可弥补的遗憾。女生的父母说：

> 我们没有坚决反对他们交往，可是女儿谈恋爱都忘了读书，成绩一落千丈，为人父母该怎么办？

女生的父母很难过，女儿在校成绩原本名列前茅，后来被爱情冲昏了头，课业严重退步，为了和男友见面，还不时说谎，加上连续接到学校"女儿行为不当"的通知，他们相当失望。

由于升学在即，父母把女儿找回来后，原本希望孩子先以课业为重，爱情暂放一边，一切等考上大学再考虑。不料女儿竟然想不开，做出无可挽救的傻事。

由上面的案例来看，父母要如何改变亲子沟通策略，才能规避这场悲剧？

孩子功课退步及说谎时

发现孩子谈恋爱而功课退步及说谎时，父母直接、情绪性地指责或强迫他们选择课业（前途）、放弃爱情（浪漫），两者都不可行。因为这些都不是孩子真正的意愿，所以难以彻底执行。在孩子心目中，还是爱情比较重要。

适当的做法是，先表达父母的担忧（功课退步）及难过（孩子说谎），但更要聆听孩子的理由与想法，共同商议亲子都能安心的后续行动。然后耐心观察一段时间，看看还有哪些需要再次协商之处。

不要完全阻隔两人的互动，可用"暗示"及"打草惊蛇"的方式，和子女讨论两性交往的一些问题，观察子女如何调整自己的行为。若效果不理想，再花些时间商讨后续要采取的行动。

总之，不要操之过急，不要强逼他们接受父母的安排。即使父母的做法是对的，也要考虑孩子的个性与身心状况。有些孩子会反应强烈，甚至"走极端"（离家出走、自杀）。

学校通知孩子在校有不当行为时

父母被学校通知"孩子行为失当"时，固然感到羞愧与焦急，但还是应先冷静下来，了解事情的始末。父母若公开指责、直接把气出在孩子身上，或通过"情绪勒索"来引发孩子的罪恶感，都会造成孩子更大的逃避与抗拒反应。

适当的做法是，以理性态度与辅导老师共商合作策略，父母和老师一起引导孩子，使其兼顾课业及纯纯的爱。一段时间之后，再评估效果及调整策略。不要一下子就夸大了孩子的问题，以"立即拆散他们"的方式来解决，结果反而弄巧成拙、欲速则不达。

找回离家出走的孩子时

若仍重复先前的做法，强制拉开孩子、不准他们见面，结果只会适得其反，让他们更加坚定"在一起"的决心（"问世间情为何物，直教生死相许"）。

适当的做法是父母暂时妥协，认同两人在彼此心目中的地位。鼓励他们以自然交往的方式持续下去，作为未来能否长久相处的考验。

双方父母也应"结盟"，共商如何关怀及照顾孩子。若能与孩子交往的对象做朋友，就更能了解对方的状况，也会赢得孩子的信任。

现代的孩子较为早熟，有些小学生已开始接触爱情。父母不要故意"视而不见"，这是孩子身心发展的正常历程。也不要急于阻止，将课业退步完全怪罪于"恋爱"（或对方）。越反对只会使青少年越加自我捍卫，夸大"爱情的力量"。甚至不惜向父母宣战，产生激烈的抗争。

中国的父母较"不愿意"或"不知如何"对孩子进行"性教育"，认为恋爱仿佛是坏孩子才会尝试的不良行为。

孩子从青春期开始，父母就应主动与他们谈论与异性互动、恋爱（包括同性恋）、交往与分手等问题。如歌手戴爱玲所唱《对的人》，歌词中提到的就是不错的两性交往态度与方式。在选择适合的人方面，如：

爱虽然很美妙，却不能为了寂寞，又陷了泥沼。
爱要耐心等待，仔细寻找，感觉很重要。

在处理失恋方面，如：

那次流过的泪，让我学习到，如何祝福，如何转身不要。

在眼泪体会到与自己拥抱，爱不是一种需要，是一种对照。

何时才算准备好、够成熟，可以谈恋爱了呢？如：

谁愿意为了一份爱付出去多少，然后得到多少并不计较。

当我想清楚的时候，我就算已经准备好，放手去爱，海阔天高。

到了高中阶段，父母应该更深入地与孩子谈论婚姻与家庭的责任、性行为与避孕等问题。以开放的态度与孩子"谈性说爱"，担任孩子的爱情顾问，以及分手的心理辅导人员。让孩子能多元开放地思考，得到正确的信息（包括介绍相关书籍与电影），以免受到"恐怖情人"的伤害，或因闯不过情关而自我伤害。

若孩子的个性较为刚烈，任何劝导都无法阻挡，父母只能耐心等待，以爱与理性来面对。实在无力处理时，不要拖延或羞于求助，可通过公正、可信任的第三人，包括亲友、学校辅导老师、心理咨询师，一起协助孩子看到自己的爱情盲点，了解爱情的全貌，并拨开爱情的迷雾。

⚡ 打破亲子沟通的恶性循环

东方父母与孩子沟通时的恶性循环，通常来自太注重课业表现，而对于其他则采取忽视或压制的教育方式，例如：

忽视孩子的兴趣与能力

父母会说："你喜欢的那些（街舞、摇滚音乐、动漫、篮球等）没有意义，将来不能当饭吃，还是快点放弃吧！把心思放在功课上才是正事。"这样说使得孩子：

1. **丧失学习兴趣与自信**：因为你认为没用的东西，恰是他的专长与热情所在。

2. **失去奋斗目标**：那些你要他放弃的事物，正是他认为生命中最重要的部分。

3. **感到生活空虚乏味**：若都顺从父母的意见，他将失去生活的重心与情感依托。

4. **影响人际关系**：你的阻挡使他不能与志同道合者一起活动，让他陷入孤独。

忽视孩子的努力与付出

父母会说："我都没有看到你的努力，就算有，你的付出也还是不够。你现在这个样子，怪不得输别人这么多，快去多写几份测验卷吧！你知道当你在休息的时候，别人已经跑得多远了吗？"孩子听到这些话，一方面觉得你冤枉了他，不能为他加油；另一方面也觉得反正不管怎么努力，永远跑不赢别人。既然距离已经拉开了，不如干脆放弃，于是将父母的说教当成"耳边风"。

忽视孩子的困难与心情

父母会说："数学有多难？只要你上课专心，回家多练习，每天做50题，怎么可能学不会？"如果孩子的课业已经落后许多，写练习题备感吃力，越写越痛苦、越想逃避，多做测验卷只是加深挫败感而已！既不能得到父母的理解与帮助，又不断被父母戳到痛处，长期下来，孩子们痛恨的就不只是课业了。

压制孩子的想法与计划

父母会说："不要再辩解了，你想做的事情根本不可能成功。读什么餐饮专业？在厨房工作的人需要什么学历？你的志气就这么一点点？"孩子的计划被你否定后，他也不想再尝试其他事情了。当最后一丝奋斗的动力消失，从此就变成一个消极悲观的人。

压制孩子的反抗

父母会说："听我的没错，我的人生经验可以让你少奋斗很多年。别再啰唆了！快去补习！快去练习！小孩子都贪玩，如果不逼，谁肯用功读书？你将来一定会感谢我。"事实上，就算孩子去补习、练习，孩子也不一定会成功。就算他们获得了父母所期望的"成功"，也可能不快乐，甚至埋怨父母。

压制孩子的期待与建议

父母会说："我对你还不够好吗？花在你身上的钱还不够

多吗？我没时间煮饭给你吃，就是缺乏家庭温暖吗？要求你分担家务，就是过重的负担吗？"这番话只能说明父母不想真正去了解孩子，当孩子对你感到失望，也不会在乎你对他有什么期望了。

上述错误的沟通方式，我全都犯过，我对长子钧豪就是如此。可以想象后来的惨状，真是"误己子弟"啊！幸好儿子经历一段"无动力火车"的日子之后，还能朝着自己的理想前进。"催化剂"为何？除了他自身的历练与成长，当然包括我的忏悔与改过。

▍言语暴力的危害

父母对孩子的身体暴力较易界定，言语暴力则常与管教风格混淆，如同虎妈蔡美儿觉得羞辱孩子是必要的教育手段，所以不少孩子感到"受伤"（伤害自信与心情），却不敢抱怨。

中国台湾的相关研究将言语暴力定义为："用伤人的，有辱自尊、人格的话语对待，例如用羞辱贬低、威胁恐吓、大吼大叫的方式，让人感到害怕、心理受伤、不如别人。"其调研结果发现：

> 1. 32.5%的孩子曾被家长言语暴力管教，5.2%的孩子总是或经常被家长言语暴力管教。
>
> 2. 仅有28.3%的孩子选择"接受并改进"，以符合父母的期望。更多为负向的反应，依序为：感到生气、愤怒；不

服气；不认同言语暴力管教；认为自己被当成出气筒；想反抗报复或故意表现很差；想要伤害自己。

3. 被家长言语暴力过的孩子，产生失眠、焦虑、愤怒、忧郁、自卑与自杀意念等身心问题的概率，显著高于未曾被家长言语暴力管教的孩子。

4. 言语暴力对受暴者心理的伤害、人格的贬抑和自尊的减损，恐怕是长期而持久的，甚至延续到他们对下一代的管教。

5. 女生更容易受到家长的言语暴力，因此而产生的情绪困扰也较严重。

父母为何要谩骂、吼叫、侮辱、讽刺、恫吓、威胁儿女？可能是"爱之深，责之切"，或是情绪失控、迁怒。父母应时常自我反思、练习并修正，努力去理解孩子的需要和感受。和孩子的言语互动应采取"正向管教"原则，常检视自我情绪状态和使用的言语（包含肢体语言）。不可使用暴力言语，要多说支持和鼓励孩子的话。

▌将好意转化为正向语言

正向语言包括口语（verbal）行为的正向及非口语（nonverbal）行为的正向，前者主要指用字遣词方面，后者指表情、肢体语言、语气与声调这几方面。用字遣词的好坏对比如下：

普通的父母	卓越的父母
你怎么那样懒惰？	你努力些，可以做得更好。
你怎么那么会捣蛋？	你的聪明可以用在适当的地方。
你怎么那么笨？	找到了诀窍，你会进步。
你真是败事有余！	成功之路还需花点力气寻找。
你真是骗子！	你所讲的不是事实。
你真是自私！	你可以试着为别人着想。
你真是顽固！	别人的意见常有可借鉴之处。
你真是浪费时间！	你可以更有智慧地运用时间。
你是人见人怕！	你可以与别人相处得更好。
你怎么那么爱表现？	你需要别人的注意，爸妈爱你！
你真是长舌妇！	你讲话可以精简些，我会更喜欢听。
你真是没出息！	你能从别的角度找到自己的长处。
你的脾气真暴躁！	你可以控制自己的情绪。
你是个胆小鬼！	勇气是需要经过锻炼的美德。
你真讨厌！	你不那样做，我会很高兴。

非口语的部分包括：

1．**眼神接触**：这是基本的待人处世之道，借"眉目传情"（传达内在情感）以观察孩子的反应。

2．**保持笑容**：父母在孩子年幼时大都能笑脸以对，孩子渐长，父母的笑容也渐少。如今则需多练习微笑，展现父母的和蔼可亲及幽默风趣。

3. **专注聆听**：子女说话时，要放下手边的事情（若有事需先处理，也要告诉孩子，并约定何时再谈），把孩子摆在优先的位置。要专心聆听，并仔细观察孩子的非语言行为，以你的表情及语音声调，表达对他的"同理心"。

4. **情绪稳定**：即使父母很疲惫或生孩子的气，也要先掌控及转换自己的情绪（暂停或换个人接手）；要"悲观后乐观"（不要过度乐观或悲观），多看事情正向或乐观的一面。

5. **注重礼貌**：对待孩子一样需要尊重，谨守该有的"人际界线"。夫妻间的相处、互动（或三代同堂），常是孩子正面或负面的示范，不可不慎。

▋ 化解亲子间的心结

慈济大爱台的戏剧《生命圆舞曲》片尾曲《原谅》，有些歌词可作为父母改变说话方式的"提醒"与"鼓舞"。

责备成心结

很抱歉现在才察觉，原来爱不代表了解。我对你的责备和埋怨，都变成你心里的结。

父母总口口声声说"爱孩子"，却不了解孩子的兴趣、能力与各种困扰，只是一味指责与埋怨，形成亲子之间重重的"心结"。

父母有意无意地造成孩子心结的情况有很多，如重男轻女、偏心、言语暴力、肢体暴力、放弃孩子、夫妻失和、批评其他家人

（配偶、爷爷奶奶、外公外婆、叔叔、伯伯、阿姨）等。

"表达"不是"叛逆"

很高兴你肯帮我去发现，每颗心都是一个世界。于是我能更靠近一点，看到你的另外一面。

当孩子愿意表达时，即使看起来像叛逆或顶嘴，父母还是要努力聆听（多听少说）。这样才有机会知道孩子的心声，认识孩子另外的一面（可能正是美好的一面）。

原谅孩子对父母无心的伤害

当我原谅你曾给我的伤，我的悲恸也得到释放。我想许多让人流泪的人啊，其实心里也很彷徨，也很沮丧。

孩子的某些言行举止虽令父母感到伤心，但他们大都不是故意的。表面上看来是不听父母的劝导，其实是因为自己不知该何去何从，很需要别人的理解与帮助。

原谅孩子表现得不如父母期望

当我原谅你曾让我失望，我们脸上都有了阳光。我想许多冷漠倔强的人啊，其实是很怕承认，自己很需要爱吧！

通常父母期望过高或忽略孩子真正的兴趣与能力，对孩子感到失望时，应该是父母的错吧！孩子虽然伪装、表现得倔强，其实内心多么渴望父母给予"无条件的爱"(不论孩子成功或失败)!

有些孩子在物质上富足,但缺少陪伴及交流,渴望父母专心地给他讲故事,陪他一起活动,分享生活中的喜怒哀乐。父母该由哪一方来负起这个责任呢?以往区分"严父慈母""白脸黑脸",通常把教养责任推给某一方(多半是母亲),造成"假单亲"现象,使主要照顾者压力过大,甚至不堪负荷。

而今,父母都需要平衡家庭与工作,若一方觉得家庭负荷过重,应坦诚地说出自己的感受,与配偶或其他家人好好沟通,说出自己的无助与需要帮忙之处。家庭问题就是家人共同的问题,要大家同心协力、互相扶持才能解决。父母并不完美,他们也有需要解决的问题。父母一定要先把自己的事情处理好,否则哪有心力关注孩子?

总之,父母要以感谢、幽默回应、达成协议、合作等沟通模式,取代永无止境的唠叨、高调说教、强迫、命令等沟通模式,让亲子双方有回旋的空间,使孩子能自行思考、尝试与抉择。不以父母权威、地位来压制孩子,就事论事,平等对话,以柔克刚,不要硬碰硬,否则只会两败俱伤。

🌿 6　沟通技巧需要反复练习 🌿

　　亲子沟通要做到"知行合一"比想象中困难许多，许多家人之间连基本对话都很"欠缺"或"单一"，如日本趋势专家大前研一的发现：

　　　　不只是亲子之间缺少对话，夫妻之间缺少对话的情况也时有所闻……经常听到的是夫妇俩就连吃饭时间都凑不到一起。

话题"单一"是指：

　　　　家中的话题一直围绕在学业上头，除此之外，就没有其他对话，全家一直盯着电视看。

　　父母觉得"多读书"总是好事，但家人相处的话题若只剩课业，就毫无说服力，反而阻碍了亲子交流。

亲子沟通"平时"胜于"战时"

为人父母常以为自己跟孩子的沟通还不错，但孩子的感受却不是如此。父母以为孩子不表达自己的意见，就代表乖巧、听话，殊不知这也可能是自我压抑、迎合或不敢反抗的表现，甚至觉得父母固执己见、无法改变，不想再沟通。

另一种父母则对孩子什么都不跟大人说感到困扰，越心急越强迫他说，孩子越欺瞒、躲得更远，该如何突破？

有一次，我到某高职担任家庭教育讲座讲师，结束时请家长写下对亲子沟通的领悟，他们写着：

1. 我要和孩子多沟通，多给鼓励、少给压力。

2. 我体会到自己对孩子的付出不足，日后要多关心与支持孩子。

3. 我常用权威压迫孩子，不信任、不接纳他们的想法，难怪孩子只是表面顺服。

4. 沟通要让孩子口服心服，而非强制把自己的想法灌输给孩子。

5. 与孩子沟通前，首先要能跟自己的内在沟通，自我觉察很重要。

6. 父母与子女之间要有良好的互动，倾听及爱的行动比言语更为重要。

7. 我很后悔没在子女更小的时候多参加这类课程。

8.孩子是我们最亲的人，但我们总因心急或期望过高，说出许多伤害他们的话。未来会尽力多和孩子沟通，我要加油。

9.多说正向、赞美的话，为孩子"加分"，让孩子活得有尊严。如"得之我命，不得我幸"（原句为"得之我幸，不得我命"），使他们从失败中学习。

10.对孩子讲话也要注意礼貌，专注聆听；亲子意见不合时，要尊重孩子的选择。

上述沟通技巧看似简单，真要"即知即行"，也是一项大工程。尤其面对蜕变时期的青少年子女，更要注重沟通技巧（因为他会反呛或完全不理你），如我的恩师贾馥茗教授所说：

> 与青少年沟通的原则是——多夸奖、少批评及指责，要多用鼓励、奖励的方式……把命令变成与他"商量"，让他学习的"主动力"能够出来。承认他的存在，让他参加"决定"。

也就是说，**父母要多采取"夸奖—鼓励—奖励—商量"的沟通模式**，避免使用"批评—指责—命令—强迫"的权威模式。

▌掌握改变语言的关键

孩子是独立个体，而非父母的财产或附属品。父母应扮演陪伴、辅佐的角色，不能扮演主导者与控制者。父母应以下列箴言来正向思考，练习更好的沟通方式：

1. 看到孩子的优点。

2. 不论孩子聪不聪明，都是有独特价值的人。

3. 重要的不是考了几分，而是孩子的兴趣、品格及能力。

4. 让孩子觉得自己有能力、有自信。

5. 不要纵容、放弃孩子，别让他变成"不能教化的人"。

6. 不要着急，孩子的障碍需要时间来突破。

7. 活在当下，不要一直想着孩子的未来会怎样。

8. 对孩子不只是付出，还要懂得接受及享受。

9. 要正确判断"赚钱与孩子的未来"孰者为重。

10. 让孩子"及时"享受亲情。

父母改变语言即可能改变孩子的人生，改变语言并不是那么困难，只要掌握下列关键，就能逐渐增强亲子关系，使孩子前途光明。具体招数如下：

鼓励孩子"表达己见"，并多予以回应及交流

从前的父母看重自己的权威或忙于工作，与子女不太亲近、相处时间不足（尤其是父亲）。如今，虽然父母权威减少了，但是智能手机的普及使亲子之间的直接交流越来越少。孩子不清楚父母的职业状况或家中困境，父母不知道孩子喜欢哪些歌手及经常在一起玩的朋友是谁，彼此缺少共同的话题。

很多时候亲子关系或孩子的现状，并非表面上看到的那样。父母自以为是的结果往往是对孩子的判断"差之毫厘，谬以千里"，错失改善亲子关系的时机。不如相信"魔鬼藏在细节中"，父母对于本身的沟通方式应"抽丝剥茧"，对于孩子的反应则"明察秋毫"，才能"拨云见日"。

亲子沟通要"不厌其烦"，不是啰啰唆唆的"单向灌输"，而要鼓励孩子多多表达，父母则应专心聆听。即使孩子的意见与自己相反，也要听他说完；当他说完了，还要再问："还有没有想说的？"避免孩子为了讨好或逃避父母，而阳奉阴违。

父母要先听后说、多听少说，让孩子敢说、能说。不批判、不否定、不轻视（泼冷水），让孩子能够清楚表达自己的主张（有主见）。

和孩子"多商量"

与全家或孩子有关的事，都要听听孩子的想法，了解这些事对他们的影响，一起商量双赢的策略。不要低估孩子的判断力，他们的建议有时更直接、有力。至少他们会很高兴得到你的尊重，因此变得更加懂事。

父母不可先斩后奏、自作主张，不顾子女的权益与感受。以我为例，爸妈离婚后，爸爸因为身体不好，担心自己难以独力抚养四个孩子长大，所以与身为长女的我，商量一件"大事"。

爸爸说，他与妈妈讨论过了，妈妈愿意分担两个孩子的照顾责任。否则我们四个都得送孤儿院，一个都不留。这是为了避免日后我们恨爸爸偏心，别的家庭通常会留弟弟吧！

我不过小学四五年级，但事关我的未来，当然要有发言权。于是我告诉爸爸：

> 这两条路都不能走，我们都跟着爸爸！爸爸不用担心，我会好好照顾弟弟妹妹们。

不去孤儿院，是因为我不愿无父无母、手足分离。而我更不愿意的是跟妈妈走。我知道妈妈一定会选小妹淑芳与我。为什么？因为妈妈对小妹心怀愧疚，想多照顾她。但她与别人生了小孩，无力再多带一个大妹，又不可能带走唯一的儿子（爸爸不会答应，因为会改姓），所以只剩下我！但我是绝对不肯去叫别人"爸爸"的，何况那个人是破坏我家的敌人。

这些内心小剧场，很难跟爸爸解释清楚。但我感谢他与我商量，以及接受我的建议。

让孩子和家长一起做决定

与商量接近的是，如果孩子与父母的想法相违，父母要先耐心为孩子解释、分析，最后做决定时仍应多考虑孩子的意见。即使孩子的年龄太小，不适合做决定，也不可毫不商量、直接替他选择，以免造成孩子一生的悲剧。

尤其是孩子的职业生涯规划或未来志向，更应以孩子为"主体"，让他学着做决定。若我们真正尊重他，亲子之间可以像朋友一样，孩子就愿意请教父母，听听父母的意见。即使最后他的决定是错误的，或一再更改，都是一种学习与成长，而不是失败与浪费。

为孩子"记录成功"，把爱"具体化"

父母往往恨铁不成钢，希望孩子"好还要更好"。若孩子一直未达标准（父母常把"高标"视为理所当然），就不自觉地越骂越重，不管孩子能否承受。

若从在意缺点转为注意孩子的成功，天天帮孩子写"成功日记"（可以跟孩子一起记录）。久之，因为焦点放在孩子的好表现上（5~10条即可），亲子双方即可共同走向康庄大道。

如何以具体行动，让孩子感受到父母的爱？并非只是送礼物、吃大餐，更重要的是表达诚意。我的父亲一直让我们觉得自己很重要，这并不需要花很多钱，例如他出差回来（爸爸在粮食局工作），总会带些当地农民送的农产水果给我们吃。我读大学时，他会每隔一段时间就准备一些衣服食物，然后一起寄个包裹给我，爸爸叫它"百宝箱"。他在家书上说：

> 百宝箱收到了吧？那是些小东西，也是爸爸的心意，你不要说什么。里面有件毛衣不知道你是否喜欢，如果不理想，过年回来时再买一件给你。还有饼干等，与大妹（在台北读

金陵女中）分食，虽然不好，但这是我的心意，希望你们姐妹高兴。

帮助孩子"稳定心情"

父母要安抚孩子的情绪，自己先要保持情绪稳定。 若父母易于情绪激动或对孩子冷漠，这种阴晴不定、古怪的情绪表现，将使孩子没有安全感，担心动辄得咎，变得畏缩、没自信；或模仿父母的情绪表现，经常暴躁、不耐烦、怄气、口不择言等。

父母要以身作则，即使家庭面临一些经济或疾病的困境，也要做好自我情绪管控，让孩子了解家庭状况，共同解决问题，为孩子营造一个温暖、安全与快乐的成长环境。父母要积极示范"不怕困难"的精神，让孩子学习"乐观奋斗"。

贫困的家境使爸爸无法在物质上满足我们，但在情绪控制方面，他做到了教育名家福禄贝尔（Friedrich Fröbel）所说的："教育无他，爱与榜样而已。"

1. 让孩子有安全感，感受亲情的温暖，收获精神的满足。

2. 不隐瞒家境困顿的真相，也不隐藏自己真实、负面的情绪。

3. 不迁怒，不因种种不顺心而任意宣泄负面情绪。

我读大学时，爸爸在第 17 封家书中说：

老年人最怕寂寞，老而无伴最为可怜。自从你去台北之后，爸爸更是感到孤单，有事无人商量，有事无人帮忙。每天我下班回来，没有一件事可以使我快乐。任何一件事不说不动（叫不动弟弟妹妹），说了也做不好。大小事都必须我自己去料理，公私两忙，人瘦发白，劳心又劳力，真不知道要支持到几时。

每当孩子们都睡了，夜已深、人已静，我独自一人在我们家院子走来走去，院子内的破椅子是我唯一的良伴。静坐沉思，问明月无语，望繁星不答。满腹心头话无人可诉，满腔沸腾的热情无人领情。

错错错，一生活在错误中。恨恨恨，恨有何用。我把希望寄托给你们，在希望中求得安慰。我必须奋斗，为孩子的教育负起责任。

第24封家书说：

现在快期末考试啦，功课为重，加油吧。家里的事一切有我，希勿分心。你当记得爸爸教养你们四个孩子，已有十几年的耐力与经验，我已经习惯穷困艰苦的日子。因为我内心充满了希望，你们四姐弟都能知道上进，这股力量永远支持着我。

最难得的是，他没有灌输"仇恨"给我们。虽然妈妈离家出走，且与别人生了孩子，但爸爸始终没在子女面前批评过她。我读大学时，他在第 6 封家书中说：

> 当你妈妈在家时，她聪明能干、贤淑刻苦，家事一切不必我操心。我们相亲相爱、心心相印，那真是快乐的人生。所以今生今世，我真心爱的人只有她一个，永远无法改变主意。

有时，我们做子女的不免"质疑"，爸爸为何能原谅及接纳妈妈？他是怎么"修炼"的？

"全方位"关怀孩子

除了课业之外，**孩子的生活还有许多方面值得父母关注，尤其是内心世界，需要父母细腻观察，才能走进去，使孩子自然地信任你，愿意向你倾诉心事。**所以父母要花许多时间与孩子在一起，像天天收看连续剧一般，不间断地了解孩子身心变化的剧情。

再怎么贫穷或不容易，孩子的成长过程都需要父母陪伴。保姆、托管班、亲戚（包含隔代教养）都无法取代，千万不要错过陪伴孩子的黄金时期。孩子很容易满足，他们真正需要的是爱而不是礼物、金钱或物质享受。

我的先生是职业军人，孩子还小时，他多半在军中，一周回家一次。我因为怕热、怕流汗、怕晒黑，所以不曾陪伴爱打篮球的长子钧豪打球，连在操场边为他喝彩都没有，亲子关系因此就疏远了！

为人父母不需要赚大钱或每年带孩子出国旅行，却需要展现愿意了解与陪伴孩子的诚意与行动。现在你想跟孩子说什么、为孩子做什么，赶快行动吧！不要觉得不耐烦或浪费时间。

规劝要有技巧——有关沉迷网络

网络时代里，手机担负着教养成功与失败的双重责任。教育改革之翻转教学，即非常倚重"在线教学"。2020 年，新冠病毒的蔓延让全世界陷入疫情困境，学校还能"停课不停学"，就依赖网络的"远程教学"。所以智能手机等产品，绝非"十恶不赦"。我们虽然担心孩子沉迷网络世界，甚至不小心受害与犯罪，但禁止使用或没收手机、责骂孩子等，绝不是最好的教育方法。

只有极少数学校有办法禁绝学生在校使用手机，但学生回家后则难以管制。父母不如制定使用规则，全家人共同遵守。例如用餐时不得玩手机、几点钟一定要上床睡觉（睡前不得玩手机）、手机使用的时段等。家人共同讨论，父母更要以身作则。手机内也有相关软件，可以帮助孩子节制使用手机的时间。

应增加家人一起参与的活动，如户外运动或踏青、亲子说故事或谈天、共同的游戏（包含电子游戏）及共学、共读等，使孩子不会因无聊，而整日投身网络社群及游戏。

家庭的团队合作——手足相处与互助技巧

小时候,父母有意无意地比较哪个孩子较乖巧、懂事、功课好、让父母有面子。长大后，就比较谁读的学校更好、社会地位高、赚的钱多，甚至是对父母的孝心（也包括物质与金钱的表现）。这不一定能达到激励或见贤思齐的效果，却可能让孩子感到自卑，觉得父母偏心。

这样的恶性循环，在父母年迈时，手足不合就会明显，且使冲突白热化。如谁应该奉养父母？谁没有尽到孝道？谁故意将父母推给其他兄弟姐妹照顾？最后闹得不欢而散，甚至为了争遗产而闹上法庭。

没有父母愿意见到孩子手足相残，尤其在自己身残体弱时，想要教导孩子更是心有余而力不足。**为了避免孩子觉得父母偏心，家人之间就要注重"团队合作"**。不仅在家务方面要分工协作，其他如课业、生活问题等方面，都要互相关心，教孩子把手足的事当作自己的事，愿意出钱出力。

路要自己走

有出戏剧《一闪一闪亮晶晶》，主题曲《路要自己走》歌词大意：父母为了帮助孩子，所以牵着他的手；但更重要的是"放手"，让孩子学习倾听自己内在的声音，为自己做选择，毕竟"路要自己走"。

有一天我会放手，因为路要自己走，失去方向的时候，记得抬头仰望清澈的天空。

吴季刚先生举世闻名,是因前美国总统奥巴马夫人米歇尔两次选择他设计的就职典礼礼服。他的母亲陈美云说:

> Jason(吴季刚)从小就跟其他小孩不一样,他不太愿意接受传统观念的规范。20年下来,我得到的答案是:适合这个孩子的方式、环境,就是好的。

吴季刚的母亲陈美云,有很多的感慨。她的两个孩子截然不同:哥哥按部就班、容易带、功课很好;吴季刚却从小爱玩洋娃娃,曾因亲友嘲弄而伤心落泪。吴季刚的与众不同,给陈美云带来不少压力。吴季刚不在乎读书、考试,只想顺着自己的兴趣走。最后,母亲不仅不禁止儿子玩娃娃,还到处托人帮他搜集娃娃。

吴季刚很喜欢艺术,但在功课方面不会自我要求。夫妻讨论后,担心吴季刚到了中学阶段会因为功课不好而被编到"放牛班"、影响心理发展,决定让他出国,有机会学习新的东西。

中学以后,吴季刚跟一般孩子不一样,几乎把所有时间都花在工作上,自己做娃娃上网卖。当时他有机会去法国当交换生,但他不想去。妈妈劝他:"你这工作的目标太小了,要看远一点,去欧洲看看不同的东西,会更有感觉。"后来他去了法国。

陈美云说,她后来想通一件事:孩子所学的东西如果不是自己喜欢的,他永远不会快乐,就没有成就感。与其这样,不如让他学他自己想做的,他舒服,我也舒服。吴季刚后来对母亲说:

"谢谢你，妈妈，让我可以做我自己。"这让陈美云十分感动。

不少父母认为子女的所作所为符合自己的期望，就是孝顺。而且常以强迫甚至使孩子产生罪恶感的方式来要求他们做某些事。但我的父亲却"反其道而行"，他不要我们依他的意思去做，结果我们反而会自发地去做。例如在第 37 封家书上，他说：

> 孝即顺，顺从父意就是孝。有一件事是我想做而未做到的，至今耿耿于怀。你第一、二次的家教费及社教馆的 600 元演讲奖金，我想借花献佛，先完成我的心愿，买一部录音机给你，这是你最需要的东西。将这笔钱用在最有意义的地方，我的内心是很高兴的，若你将钱寄回来，将会使我生气。

因为家里很穷，我需要的录音机，只能靠自己赚钱来买。但比起弟弟、妹妹的饭钱及学费，我将自己的需求摆在第二，还是寄钱回家。对我而言，这是份"荣誉""孝心""安心"。如第 40 封、第 121 封家书，爸爸说：

> 你寄来的 1500 元已收到，你的孝心我了解，但你并未依照我的意思去做，家教薪水应先买你需要的录音机才对。

> 寄来邮局汇票 4500 元、2000 元均已收到，真是太难为你了。爸爸没寄钱给你，还要你寄钱回来，内心甚为不安。

乖女儿，不要太克制自己，先把你的生活费、保健费及交际费、书籍费安排好。我们家里目前虽然困难一点，但我仍然可以支撑下去。

你要认清自己的目标，是要考研究所，是要有健康的身体去实现理想，千万勿因为爸爸的困难而影响自己的计划。

我真的乐意寄钱回家，原因如第135封家书，爸爸说：

谢谢你，正当家里一文不名时，收到你寄来的2000元，真是雪中送炭。收这封挂号信的是办公室同人，因为我出差未去上班。他们感觉到惊奇，异口同声地说，正在读书的学生，还经常寄钱回来，真是难得的孝子。我的内心既是惭愧又是骄傲。

正在求学的孩子，远在他乡，我这个做爸爸的却忍心无钱寄给你，愧疚自知。但我的孩子却省吃俭用寄钱回来，同人们一致惊奇赞佩，又使我感到有女如斯，怎不骄傲？我对同人们的答复是"患难见真情，贫寒出孝子"。

有不少父母面对着另一种亲子沟通的困难：当家中有个严重的身心障碍儿的时候。下面这个案例的主人公，是2014年获得"台湾教育奖"的王衔醇小朋友。他在半岁时被发现患有罕见疾病——庞贝氏症，这是一种严重的遗传疾病，因为体内缺乏某种酶，使得堆积的肝糖逐渐伤害肌肉功能。因肌肉无力（特别是躯干和下肢），他很早就需要坐轮椅。父母要如何与这类孩子沟通？孩子能体会父母的苦心吗？

缺憾中看见不凡——记王衔醇

爸爸的心声

2003年6月4日，我的儿子王衔醇出生了。白白胖胖、好吃好睡、活泼好动、食量惊人、少哭少闹，总是笑口常开，让我们全家沉浸在幸福当中。

"天有不测风云"，4个月大的衔醇，突然生病了，我的职业是医师，当时认为只是感冒而已，症状从小咳嗽到痰音很重的咳再到气喘，彻夜不停，食量、活动力越来越差，最后连手脚都不会动了。由心脏超音波诊断认为，可能是一种死亡率100%、只能存活8到12个月的肝糖代谢异常症候群——庞贝氏症。真如同古代庞贝城被火山湮灭一般，也湮灭了我们。

此时，衔醇获得了一个上天给的机会，中研院院士陈垣崇博士发明的酶治疗药物，恰好进入人体实验第三期，衔醇符合进入实验组小于6个月大的年龄规定。治疗之初在台大，全面性的检查铺天盖地而来，每隔一到两周就会有一大堆检查，X光、CT、MRI、血液、生化、肌肉切片、肠胃、听力……也几度进出特护病房从死亡边缘抢救回来。家人因此分隔两地，妈妈带着衔醇在台北住院，我则与三个女儿及中风的父亲在台南的家中。

所幸上苍眷顾，治疗有了成效，12周后，衔醇的手脚渐渐可动，24周后渐可翻身，48周可撑起上身，58周（一岁半）可走路，之后改为两周去一次台北做注射点滴治疗，直到两年后改由奇美蔡文晖医师接续治疗，终于免去两地奔波之苦。

两周一次的酶点滴注射治疗，让衔醇的手臂千疮百孔，许多血管已硬化受损，往往需打许多针才能成功。衔醇总是咬牙忍住疼痛，不哭不闹，因此被护士阿姨封为"最勇敢的小病人"。两三岁的衔醇，居然已能觉察妈妈的心痛，对着一旁默默流泪的妈妈说："妈妈回去房间坐沙发，我没有关系！"让我又心疼又感动。

衔醇的病无法根治，是所谓重大伤病，为先天性的罕见疾病，症状是全面性的，因为肌细胞萎缩、肌力严重不足，他不能正常地呼吸、吞咽、饮食、大小便，甚至发音及微笑，姐姐常笑他永远不会有皱纹；因为脑部受损，情绪及行为控制能力较差，感情表达不足，学习之路备尝艰辛。

因肌力不足，从他6个月大时，就开始无止境地复健，每天进行至少一到两小时，期望能维持肌力，防止关节变形。但随着体重的增加，训练量也增加，各种训练如打鼓、游泳、骑脚踏车、爬楼梯、腰力、臂力……他从不抱怨，连我都从心底佩服他的坚持及毅力。可惜这样的努力，也无法支撑他逐年增加的体重。

从四年级开始，他无法站立、无法走路、关节变形，靠轮椅代步，甚至有时需在地上爬行。但他仍以微笑面对一切，积极参与学校各类活动。不能跑就在旁边大声喊加油,不能跳就在轮椅上手舞足蹈,乐观自在的程度令人敬佩,也令人羡慕。

衔醇的心声

"我的家庭真可爱,整洁美满又安康……"从我懂事以来,家庭给我的印象,就像歌词一样。我生长在一个温暖的家庭,三个姐姐都很爱护我,父母更是珍惜我。虽然我得了严重的疾病,但他们都没有放弃,我常想若没有他们,我可能已经死了。感谢他们的照顾,让我能顺利长大到六年级。我也感谢同学及老师在学校对我的帮助,所以我要尽一己所能,在未来的日子帮助别人,将这份情传下去。

我刚出生时,并没有任何问题,可是好景不长,在我4个月大时生病了。起初整天咳嗽,原以为只是重感冒,结果竟然是得了庞贝氏症这一罕见疾病,一般都活不过一岁。不过非常幸运的是,治这个疾病的药物,恰于此时被发明出来了。不过这药只能维持生命,不能完全根治,我必须每两周到医院住院一次。打针虽然很痛,我还是勇敢地熬了过来。

现在我已不能走路,但每天还是以超乐观的态度面对每个人,从来不觉得辛苦。因为病情需要每天复健,加上我的兴趣广泛,所以学了很多东西,比如我很会唱歌,爵士鼓比赛也常得第一,我学会游泳而且发明了独特的泳姿,也会骑脚踏车,英文、数学也很好,我读资优班喔!

我非常喜欢到学校和同学玩或看他们玩，也想努力学习。可是因为疾病的关系，我必须常上厕所，因为使用轮椅而且自理不便，让我很困扰。我希望能再站起来走路，减少别人的麻烦。我对人生已经感到非常满足，我不想向老天爷再要求什么。

我希望能成为科学家或是计算机游戏设计师，未来虽然充满不确定性，重重阻碍也必然横立，但我会立定志向，不把困难当困难，不怕别人异样的眼光，勇敢地朝向目标走去，以回报过去、现在及将来所有帮助我的人。

我对衔醇及他的父母，感到非常佩服，衔醇的父亲就是我的亲弟弟王新民，衔醇的母亲晏晨更是无比的坚毅。有一天，我会出一本书，写下他们一家人的故事。

第 *3* 篇

孩子不懂事，怎么教？

🌿 7 如何让孩子成熟懂事？ 🌿

教养要配合孩子的身心发展。生理上的变化显而易见，只要注重营养、运动、环境卫生即可，但心理变化就没那么容易察觉，需要孩子自己愿意坦诚说出或父母细心观察。

几岁开始算是叛逆期？叛逆一定不好吗？其实叛逆是个体化、自主发展的表现，是心理成熟的必经历程。太乖或太听话的孩子，反而可能过于压抑或不知道自己的想法与感受，"后遗症"更大，长大后会视父母为"麻烦人物"，极力想摆脱权威的干涉。

当我们觉得子女不懂事时，是事情的"真相"，还是因为爸妈一直要子女体谅父母，却未为子女们着想？

🌿 如何使孩子懂事？

有人担心，太懂事的孩子会压制本性以讨好父母，甚至委屈自己以获得更多关注。懂事的孩子总愿意为父母着想，却忽略自己的感受；容易原谅父母对他的伤害，甚至故意遗忘这些痛苦。这样只能称为"乖孩子"，不算是懂事。

真正的懂事是指了解与适应现实状况，遇到逆境时能处变不惊、逆风飞翔，并为父母分忧解劳，与家人共同解决问题。例如当我面对家庭贫穷及没有母亲的现况时，就愿意懂事地承担责任、提早成熟。

　　小时候家里很穷，住在只有 9 坪（1 坪≈3.3057 平方米）大的眷村房子里。幸好屋外有些零星地块，可加盖简易厨房、餐厅、厕所等，再放一张书桌让四个孩子可以读书。爸爸入狱、妈妈离家出走，使得才小学二年级的我，得带着尚未入学的弟弟、妹妹们一起上学"旁听"。

　　初中毕业时，也因为家境因素，升学只能考虑公费的师范院校。但不知哪里出了问题（考试失常），我只考到屏东师专的"备取"。继母觉得我是故意不读师专，想要读高中、升大学，于是不让我称心如意，就连高中也不让我读了。弟弟新民不服气，挺身而出帮我说话，大大激怒了继母，于是继母拿着菜刀"追杀"弟弟，他只好躲到消防队，然后又到老师家住了好几天，等继母气消了才敢回家。

　　我为了能够升学，极力地"安抚"继母，告诉她："读高中不需要什么钱，而且我会去工厂赚钱，会继续读不要钱的师范院校，而且赚更多的钱给你。"当年流行"家庭即工厂"，小孩子也在家里做代工，如编羽毛球拍、织毛线、削芦笋；假日则到工厂削菠萝、剥虾子（把冷冻虾子变成冷冻虾仁）。继母这才答应让我读高中，接着只能报考师范大学。

台湾师范大学除了学费全免，其他衣食住行等生活用品也都公费，但这还是不够我一人花费。这时继母已与爸爸离婚了，但弟弟妹妹读书吃饭的庞大费用，仍不是爸爸一个基层公务人员的薪水所能负担的。所以我用尽脑力、体力、心力，尽可能多赚一分钱接济家里。我参加各种比赛：演讲、辩论、徽章设计、论文写作等，都是为了奖金、奖品。至少有纪念品（参加奖），也省下一些文具费。

我的家教薪水及比赛奖金大都寄回家补贴弟弟、妹妹的学费（新民读私立正修工专，淑慧读金陵女中，淑芳读初四重考班），过程虽苦犹乐，因为爸爸会给我精神的回馈，让我知道自己的付出被需要、有价值。第13封家书，爸爸说：

> 学校演讲比赛得到第一名，校长颁赠奖品，学长为你计时添茶，关注爱护有加。这真是天大的好消息，我一夜兴奋失眠。
>
> 一个刚刚踏进师大校门尚不足一个月的新人，最后一个去报名，还能名列前茅。如此优异的成绩，一鸣惊人的表现，我真佩服你的勇气。你得到这份荣誉，不但珍贵，更将带给你幸福。
>
> 你在全校师生心目中留下了美好的印象，今后你会有愉快的读书生活，最佳的人际关系。好的开始是成功的一半，切记胜而不骄，再接再厉，持之以恒，不懈努力。你的智慧

有无穷的潜力，必可获得更好的成绩。

爸爸也把我的辛苦及付出告诉弟弟妹妹，第41封家书，爸爸说：

> 你妈给你大妹来信说，你想想姐姐好辛苦，晚上去家教，每天赶时间，还要做自己的功课，你们知道她有多累。赚的钱自己不用，都寄回去，你们知道姐姐有多苦。你们都应该学她，姐姐样样都好，我实在太高兴了，我想你们也一样。
>
> 你妈说的不错，但她只看到现在的你，不知道十几年来，比今天更苦更难的往事还有许许多多。你从读小学起就读书兼照顾家庭，养老扶幼。在漫长的苦难与贫困中，功课仍名列前茅。师长称赞，邻居羡慕，为老父在孤单中燃起生命之火。
>
> 至初高中时，继母凶悍专横，爸爸多病，弟弟妹妹年幼，但仍影响不了你。家事照常做，功课一样好，养成了你今天的性格，不畏苦、不怕难，不奢侈、不浪费，逆来顺受，乐观奋斗，一切难不倒"我"的干劲，爸爸以你为荣。

爸爸也要弟弟妹妹写信给我，表达对我的关心与感谢，第44封家书，妹妹说：

> 亲爱的姐姐：你寄来的信和钱我们都收到了，爸爸看了

信非常高兴。信中你说要买羽毛球拍，爸爸当然会赞成。听韦姐姐说，你常常没钱饿肚子，又不肯告诉母亲，这样身体会不好的。所以爸爸说以后领了家教钱，只需寄1000元回来，剩下的钱自己留着用，如果寄多了，爸爸也会寄回去的。

由上述"历史脉络"可知，从前的孩子之所以"寒门出孝子"，大多由于外在环境因素，使孩子必须与父母一起分担家务（大的孩子照顾小的）与家计（提前"进入社会工作"）。而今呢？若没有相同的"外在困境"（环境因素），该怎么让孩子成熟懂事？

▎如何让孩子"准时起床，上学不迟到"？

前台湾大学校长李嗣涔在毕业典礼上曾勉励学生：

你的态度决定你的高度，要守时、谦虚、敬业、不诿过、处处为人着想。

为什么态度决定高度？以守时来说，大学毕业进入职场，如果上班或开会迟到、工作拖延，会因违规而被扣薪，且耽误团队进度、浪费大家的时间，最终导致失去主管的信任，甚至丢了工作，影响未来的职业发展。

如果孩子读大学却无法准时上课，父母会担心吗？准时上课到底重不重要？**台湾大学社会系教授薛承泰认为"十分重要"。**

薛教授认为生活安逸造成劳动价值观式微，由大学生早上 8 点钟第一堂课的出席率，即可得证。**没有该有的生活作息，就没有竞争力。**

当时有多位教授响应，感慨大学生不只无法准时上第一堂课，9 点或 10 点的课照常姗姗来迟，还拎着早点到课堂吃喝。课间 10 分钟，大部分学生都趴在桌上休息。作息不正常，使这些才 20 岁的年轻人精神萎靡不振。

如何自小培养孩子准时起床及上学不迟到的好习惯？关键就在于让孩子"靠自己"，所以父母要"放手"，让他学习自我管理。**放手并非"放纵""放任""放弃""不教而杀"，而是让孩子自己"体验"及"改进"。**"放纵"是觉得早起不重要，心疼孩子睡眠不足。"放任"是疏忽管教，对于叫孩子起床或准时上学这件事"无能为力"。"放弃"则是叫过几次，孩子仍不起床就算了，只认为是孩子懒散、不积极。"不教而杀"则是未教导孩子早起与准时上学，只是一味地责骂。

教孩子早起，就是教导他自我管理及自我负责，实施细节包括：

商定上床睡觉时间

小孩子需要较多的睡眠时间，但因为他们喜欢看电视、玩手机，若不制止就可能无节无制。所以要规定看电视及使用手机的时间段，以免影响睡眠。有些小孩不能遵守规则，此时**父母一定要坚持**，时间到了就要求他立即上床，直到他能自我管理、

值得信任为止。

自己设定起床闹钟

小学开始，即应培养孩子自己设定闹钟及自己起床的习惯。许多大学生常以"不小心按掉闹钟"为由而迟到，可能就是小时候听到闹铃声不予理会，最后还是爸妈叫起床的缘故。

从带孩子挑选闹钟开始，就要他学习自我负责。父母听到孩子闹钟响了很久，也要沉住气，不要去叫孩子起床。**即使迟到也不伸出援手，让他承受上学迟到的"自然后果"**。后果越不愉快，受到的教训也越深刻。

自己整理书包、准备上学用品

与睡觉及起床相关的是整理书包，不少孩子的上学用品全由父母打点，自己搞不清楚要带什么，少带了也是父母的错。若无人帮忙整理即乱作一团，包括家里及学校的课桌椅。玩游戏或写作业后，也不收拾玩具和学习用品。

如此欠缺生活能力的结果，就是在家不会做家务，长大后也会给人带来困扰，如在外劳动表现被动、嫌累、笨手笨脚。所以父母不应对孩子过度保护、事事代劳，要耐心教导、示范与监督，使孩子养成"爱整洁、守秩序"的好习惯。

孔子说："爱之，能勿劳乎？忠焉，能勿诲乎？"（《论语·宪问》）如果父母真心疼爱孩子，就得让他多劳动。不少父母溺爱孩子，什么都为孩子设想。即使孩子做错事也不忍苛责。结果等他长大了，就会经常犯错。贤明的父母啊！"爱之适足以害之"，希望能及早觉察到自己"不理性的爱"！

▌让孩子学习"时间管理"

学习时间管理的重要诀窍如下：

时间倒推

若要早上 7 : 50 以前到达教室，时间的安排至少是：

1. 7 : 40 到达学校（提前 10 分钟到达）

2. 7 : 10 出门（若从家到校需要 20 分钟，则需从宽计算为 30 分钟）

3. 6 : 50 吃早餐

4. 6 : 30 起床、洗漱、换衣服

这样的时间安排对小学生而言也许辛苦，父母担心孩子睡眠不足。但父母的因应之道是：要求孩子早点上床睡觉（如 10 点），才有办法睡足 8 小时。否则孩子长大或要离家读大学，仍不会规划生活作息。每天晚睡，早上爬不起来，造成白天精神不济，影响健康与学习成果。

时间计划

做一件事，一次以 20~30 分钟为一个时间单位（现在流行的"西红柿钟"时间管理法，以 25 分钟为一个时间单位），一份工作拆分为三四个时间单位来完成，且与其他不同的工作交替进行。既能兼顾，又能休息。

同时有多件事情需要完成时，应依据其重要的程度划分，越重要者需要的时间越多。A 类代表最重要，B 类为次要，C 类为一般生活琐事（如购物、家事等）。时间计划可以很有弹性，如 ABACAB、AABAACAAB、AABCAABC 等。将事情分段完成，每段工作时间较短，因而能专注，更有效率。

上午、下午、晚上分三大段进行时间规划，一次两三个小时。可先做简单、不费时的事情，容易产生成就感及工作动力。把小事或杂事做完，之后的工作会更专心。也可以先挑战困难的工作，更快减轻压力。

提前法则

要"准时"就要养成"提前"的好习惯，包括提前开始和提前完成。不要把时间算得太紧，以免陷入来不及完成的时间压力中。与别人有关的团队工作，更要提前开始与完成。以免因为自己动作慢或拖延，影响了团体士气与效率。

养成"提前完成"的好习惯，是给自己及团队缓冲的时间，以防来不及"补救"，也可以做得更好。而且过程从容不迫时，会更能享受工作，更有成就感。

"定时器"的妙用

"定时器"在时间管理中扮演重要的角色，用它来"倒数计时",时间一到即发出提醒声,让我们按预定的计划完成所有事情。刚开始用这种方法工作学习时,定时器响了仍想继续做下去,无法立即停止。但最好还是改变工作习惯,按照时间规划进行,以免又回到之前工作效率不稳定、有些工作没时间做的混乱状态。

如果不能按照时间规划进行,也不要懊恼,刚开始做不到是很正常的,可能是由于受到了突发事件或电话的干扰,也可能是因为工作热情不足,或还不习惯这么规律地运用时间。这代表我们还有调整的空间,不必因此灰心、自责,甚至误解时间管理的意义。

时间规划是为了让自己安心,经由个人短、中、长程目标的安排,为自己留下足够的时间,做好该做及想做的事情。时间管理就是为自己负责,有责任感的人遇到困难时能自我激励,以时间管理技巧来解决问题。

▌时间管理与成功人生

史帝芬·R. 柯维（Stephen R. Covey）将时间管理的演进分成四代:

1. 第一代:着重利用便条纸与备忘录,在忙碌中调配时间和精力。

2. 第二代:强调按日程表行事,注意"规划未来"的重要。

3. 第三代:讲求"优先级",依据事情的轻重缓急,制定短、中、长程目标。将有限的时间、精力加以分配，争取最高的效率。

4. 第四代：关键不在时间管理，而在"个人管理"，重心放在产出与产能的平衡。

为什么演进到第四代认为"时间管理是个人管理"？**"知道"时间管理的方法或价值，不等于"做到"或"做好"，关键还在于"自我管理"**。因为，时间不能管理，只有自己需要管理。

柯维提醒道，时间要放在"重要事务"上；但分辨事情的重要与否，就不太容易。当你"逃避"真正重要的事，就会将烦琐的工作、某些信件或电话、浪费时间之事、有趣的活动等，误以为是重要的事。

要控制好"紧急"的事，即使它很重要，如危机、急迫的问题、有期限压力的工作等，以免自己被时间追着跑。但一般人总记不住教训，不肯提早开始，拖到最后期限被压得喘不过气来。

多花时间在"重要且不紧急的事情"上，如防患未然、改进产能、建立人际关系、发掘新机会、制定读书与工作计划、休闲活动。因为，拥有有远见的规划和较强的自制力才能减少危机。

某次，我到花莲体育中学演讲，主题为"运动员的时间管理与成功人生"，附上"有奖征答"环节，题目及答案呈现如下（括号处为答案）：

1. 射箭选手谭雅婷的教练说："雅婷从瞄准到出箭只需要3秒钟，能做到这么优秀的原因是（专注）。"

2. 获得奥运举重金牌的中国台北选手许淑，同时也获得了（高雄医学）大学运动医学研究所硕士文凭，她的指导教授说她能兼顾学业及严格的训练，是非常优秀的学生和选手，（时间管理）及心理素质都很棒。

3. 2016年获得奥运举重铜牌的中国台北选手郭婞淳就读于（台湾辅仁）大学体育系，（2013）年即获世锦赛金牌、世大运金牌。

4. 花莲县立体育高中（李慧君）同学，参加土耳其特拉布宗"（2016）年世界中学运动会"标枪竞赛项目一举夺金。体中田径教练简志贤表示，她平时就是（自律）严谨的选手，常会和教练讨论自己技术上的优缺点，不断求进步。

5. 花莲体中在（2016）年中国台湾中等学校运动会上，拿下二金二铜的洪千惠、高柔安、柳咏琪、余承恩，得奖的是（举重）项目。

6. 2016年奥运选手迈克尔·菲尔普斯（Michael Phelps）曾获得金牌（20）枚以上，最近两年他经历生命的死荫幽谷，包括酒驾、吸毒，甚至绝望到想自杀，2015年，住进一间（心理创伤和戒瘾治疗中心），才终于走了出来。

7. 运动员为了运动而放弃学业，实则是不能做好（时间管理）

的借口，林书豪能从（哈佛）大学顺利毕业，解决了运动与读书不能兼顾的难题。但是要知道，能够脱颖而出的优秀运动员，仅是万中取一。

8. 有志成为职业运动员者，其职业生涯规划必须要有运动以外的（第二专长）轨道，要接受（完整的教育），才是正确的途径。

9. 2008年完成极光之旅后，林义杰准备念（博士班），他希望人们以后看到运动员时，不再认为他们是头脑简单、四肢发达的人。运动员不是只会运动而已，他们的（坚韧度）特别高，下决心去做一件事情，就会好好去做。

10. 一手打造出中国台湾好市多的亚洲资深副总裁张嗣汉，曾是琼斯杯篮球运动员，说话、做事都果决明快，他说："上班不是我最大，是（时间）最大，是（时间）在管我，而不是我管（时间）。"张嗣汉把球场上的好习惯带到商场，至今仍（5：30）起床后游泳一小时，（7：30）上班，他的员工也多半不敢迟到。

由上述题目类推，任何行业人士若能将时间管理好，都可使未来更接近成功。教导孩子时间管理，最好的做法是父母"以身作则"。**如果大人能与孩子一起练习时间管理，便可了解其中困难，进而协助孩子突破与成长。**时间管理的获益无可限量，是父母给孩子的最佳礼物。

小孩"要"做家务

《朱子治家格言》："黎明即起，洒扫庭除，要内外整洁。"这在现代应该很难做到吧！孩子"会"（有意愿及能力）做家务吗？父母常埋怨小孩不肯做家务，而且动作慢，越做越糟。有些父母觉得自己做家务或请人帮忙一样做得好，这时间情愿让孩子用来把书读好。

现代孩子不做家务的原因统整如下：

1. **父母呵护**：因为"少子化"，父母大都宠爱孩子，不忍心孩子"太辛苦"，凡事帮他们打理。

2. **读书第一**：父母聚焦在把书念好、考上名校，加上孩子每天留校上晚自习、上补习班、家教课等已经很累，根本不可能再做家务。

3. **有人代劳**：有些孩子不会做家务，因为家里雇用保姆或钟点式的家政服务员。除了不必打扫地板、丢垃圾、洗碗，甚至也不需整理自己的房间、收拾衣物。水果也是别人削好的，吃完后不必收拾杯盘、丢垃圾。

4. **孩子"不肯"劳动**：现代的孩子不喜欢"劳动"，要他帮忙做一点家事就推托、撒娇、耍赖、讨价还价、拖延。父母因为叫不动或孩子草草了事，最后只好自己动手做。

5. **不知如何教导孩子做家务**：父母自己也不擅长做家务，自然不知如何教导孩子。加上孩子没有学习动机，干脆就放弃教导。

做家务也是生活教育的一环，若孩子缺失家务教育，日后如何独立生活？我请大学生到家里用餐时，会要求他们早些来。例如吃午餐，就约上午 11 点。

　　"这么早就吃饭喔？"有些同学不解。

　　"不是！是要你们来帮忙做饭。"我答道。

我这样做是防止有些人"不劳而获"，确实有学生故意晚到早退，只享受、不付出（在家中已习惯坐享其成）。为了避免学生只顾聊天、看电视、打扑克牌，我会先将工作分配好，如餐前洗菜、切菜、煮汤、煮水饺，餐后收拾碗盘、洗碗、丢垃圾、整理客厅等。幸好学生还"肯"听老师的话，但能自觉去做、有模有样的比率越来越低。显而易见，这些孩子在家里父母没怎么教导，大多数人五谷不分、笨手笨脚。

最近我招待十多位同学来家中吃饭，只有一位懂得怎么熬汤。一问才知她因为小时候父母离异，父亲再娶，继母生了弟弟、妹妹之后，她只能学习自我照顾，因此才会洗衣烧饭（否则就要"自生自灭"）。

▌不做家务，有何损失？

我曾到一所小学演讲，与家长探讨孩子的生活教育。那是一所非都会型的学校，家长大都赞成孩子做家务。演讲结束时，校长却与我约定将同一题目对老师再讲一遍。因为不少年轻老师不太做家务，不认同做家务的重要性，所以对于指导学生打扫卫生方面并不重视。不仅不指导（或不知如何指导），甚至不赞成学生进行相关活动。

也有为数不少的家长认为只要孩子成绩好，将来成为"上层人士"，就有条件请人来做家务。甚至说："我不是培养孩子将来去打扫卫生、煮饭的，这些工作应由蓝领阶层去做。"还举孟子所说"劳心者治人，劳力者治于人；治于人者食人，治人者食于人，天下之通义也"为理由。

孩子功课很好，就不需要有做家务的生活能力吗？孩子的书包及上学用品由父母或他人代为整理与准备，不会有后遗症吗？在家不叠被子、不扫地、不洗碗、不倒垃圾，在学校或日后职场的工作也能"不劳动"吗？如果不喜欢劳动，是否轻视劳动的价值？

家长可以放过或豁免孩子做家务的麻烦，但老师、同学、老板、客户会欢迎这样的人吗？在家里接受父母（祖父母、保姆）的照顾，不需有任何回馈，日后如何与人进行团队合作呢？

家庭中应进行的生活教育还有许多，归纳如下：

1. **受到挫折或被拒绝**：不会一直吵闹或与父母讲条件，想要某样东西能够等待或放弃。

2. **做错事**：不会一直说是别人的错，会想下次怎么做得更好。被指出错误时，会反省、思考别人的意见，不是只有"我对"。

3. 关心与感谢他人：时常关心家庭成员，能与人分享自己的物品或玩具，给别人留下爱吃的东西。知道父母为他做的一切不是理所当然的，会表达感谢。

4. 自己做决定：知道自己要什么，不会不知所措。遇到问题能自己想办法解决，不会马上喊父母来协助。

5. 沟通与表达：能清楚表达想法或需要，不需父母猜测、询问半天。生气时适可而止，能说出生气的原因。大热天虽令人烦躁，也能去做该做的事。

6. 使用零用钱：在零用钱的额度内适当使用，不超支、不预支。不会一直比较物质的贵贱，或自觉高人（低人）一等。

7. 人际互动：容易亲近，大方和善，乐于与人合作。能自然地对别人打招呼，如邻居、小区物业管理员。当父母称赞其他孩子时，也能学习欣赏别人。

想一想，你的孩子在上述方面表现如何？如果孩子态度不佳，你都如何处理？若不能及时纠正，后果为何？

在某次我上课时，因为人数较多，晚到的学生需自行到别班教室搬桌椅。此时有位女同学主动询问我是否要换教室，并愿意到三楼办公室去借教室。她动作灵巧地跑上跑下，我想她的父母一定曾教导她如何做家务。一问才知，父母在她们姐妹上大学之前，都安排她们到国外当一年交换生，学习照顾自己、独立生活。

我会做家务却与"母亲不教"有关，生母离家出走，我必须自学如何做家务。因为家里总是脏乱（三个年幼的弟弟、妹妹"不时"故意捣乱），动作再快也打扫不完。我还要买菜做饭，带好弟弟、妹妹；得空就去垃圾山拾荒，卖些破铜烂铁。我会做家务，恐怕是生存的本能！

读初中后，继母成为家庭新成员，但家庭状况更差。不仅家务没人做，继母还把爸爸的薪水拿走（经常性离家出走）。继母在家时，与爸爸无止境地争吵，动辄打骂我们。有一次半夜爸爸胃痛，继母不在家，我叫出租车送爸爸去医院，是胃出血要开刀，安抚爸爸住院后我再回家照顾弟弟妹妹早起上学。结果我自己也睡过头，致使大家上学都迟到了。在爸爸住院的 40 天里，继母仍然多次离家出走，一去就是好多天。我得医院、家里两头跑，分别照顾爸爸及弟弟、妹妹。

某次，大妹淑慧因打针过敏而住院，继母也不在家，我只能打电报请生母到医院来照顾。又一次，淑慧因感冒而昏倒，住院了 12 天，依然是靠生母由台北回高雄照顾。继母婚后第一年出走的天数，8 个月内有 60 天，平均每月至少 7 天，之后 6 年持续如此。严重时，一个月内大半个月不在家。我读高三时，爸爸才终于再度离婚。当时我们都很担心爸爸再"心软"，三度"接纳"继母而又结婚（幸好没有）。

8 成长偏差与教养修正

　　孩子出了状况，父母往往认为都是孩子的问题，只需要孩子一个人改变，这其实是"治标而不治本"的。实际上，孩子行为问题的根源可能在父母身上，甚至是父母与上一代（婆媳之间、翁婿之间）的纠纷与压力，使孩子成了"代罪羔羊"。

　　以"家族治疗"观点来看，要处理的绝不只是孩子的问题，而是拖延已久且复杂纠缠的家庭问题。大人应懂得求助与承认自身有问题，并好好帮助自己与家人共同解决问题。

　　孩子的行为偏差，可能是父母"失职"，疏忽了问题早期的征兆导致的。但即使很注重教养的父母，也常拿捏不好分寸，要知道，过犹不及。

过度教养与缺少教养

　　儿童及青少年心理咨询专家亚当·普莱斯认为，"过度教养"有两种形式，一种是说得太多，另外一种是做得太多：

　　　　说得太多的父母往往随心所欲地发表他们的意见，对孩子施加不合理的影响力。最喜欢使用的词汇是"应该、必须、一定要"，而且觉得父母有批评孩子的权利和义务。

"做得太多"的父母是不信任孩子，直接出手帮忙，减损了孩子的自信心。

孩子将永远学不会自己解决问题，因为他们一直受到父母隐约的影响；更糟的是，父母拼命帮忙仿佛是在暗示孩子无法自己解决问题。

"过度教养"的父母，剥夺孩子体验与成长的机会，使他日后无法应付挫折。

如果你总是替孩子收拾残局，或是替他的失败找各种借口，或是替他做他应该自己处理的事务，那他就没有机会体验那些有益的挫折。

然而，社会的真实面却是充满了挫折、焦虑以及质疑的，所以好父母要让孩子有机会学习，要把这些负面情绪变成强而有力的成长动机，日后才能真正成功。

▎可怕的成长偏差

相关部门针对青少年的家庭、课业、人际交往等方面进行调查，结果发现：青少年的烦恼57%来自课业，近15%来自同学、朋友，11%来自父母。遇到烦恼时，近71%的青少年选择向同伴诉说，聊天方式以脸书最多，但近34%的青少年宁愿把心事藏起来，愿意对父母说的则很少。

当青少年面对的课业压力越来越重，家庭能提供的支持却相对较少时，有些青少年就会产生抑郁情绪或偏差行为，包括：滥用药物、自我伤害、性滥交及暴力等。

缺少家庭支持，不仅可能造成青少年的心理与行为问题，即使是成年人，仍可能因亲子关系疏离而犯罪。一名24岁男子因饥饿而在便利超市偷了一个饭团，被捕后发现他的父亲是知名的外科医师。在小学毕业后他被送往美国念书，到了大学三年级（戏剧系）因家里不再供应学费而休学返台。因中文表达能力不佳，没有一技之长，找不到稳定的工作，独自住在父母购置的另一处住所。医师父亲得知儿子行窃时竟对警方说："我们不管他！"父亲对于儿子不找工作、长期失业，感到十分失望。

你从这则社会新闻中看到了什么？是儿子不争气、不成材，还是父母揠苗助长、恨铁不成钢？父母认为：我那么为儿子着想，出钱出力，他却辜负父母期望。甚至偷窃、犯罪，让父母丢脸！儿子则痛苦于父母的安排：为什么我小小年纪就得背井离乡到异国漂泊？想回家又被拒之门外！父母的教养出了什么问题？使得孩子的表现适得其反。儿子知道自己要反省什么吗？名医父亲是否也该反省？

挽救孩子的失衡、偏差

苏芮曾演唱《亲爱的小孩》这首歌，说出孩子伤心、害怕的原因在于缺乏家庭的温暖。

> 我亲爱的小孩，为什么你不让我看清楚。
>
> 是否让风吹熄了蜡烛，在黑暗中独自漫步。
>
> 亲爱的小孩，快快擦干你的泪珠，我愿意陪伴你走上回家的路。

改善家庭的物质环境

"家庭功能"的表现，在于周全地照顾孩子的身心需求。如果孩子每天拎着外卖三明治、奶茶当早餐，中午吃学校的营养午餐或便当，晚餐在托管班或便利商店解决；甚至到了假日，三餐依然在外觅食。这样的家庭在满足孩子生理需求方面，就属于"失能"状态。

我自己也曾经因为工作忙碌，疏于照顾孩子的三餐。即使偶尔在家煮饭，也只是把所有食材一次丢进锅里"煮熟"（加上面条或水饺），并不考虑口感。直到女儿小学毕业的最后一学期，我才终于答应为她准备便当（学校没有营养午餐，她都吃福利社贩卖、样式不多的便当，她说早就吃腻了）。

这个承诺也改变了我的职业生涯规划，我毅然辞去教授专职，改为自由职业者。在多所大学兼课，四处演讲以及写作出版，想办法维持工作与家庭的平衡。能安排出时间在家做饭，与家人共同用餐。

幸运的是，在她小学二年级时，杨校长即要求家长要注意孩子有否吃早餐（或拿早餐费他用，如打电子游戏），我因此得以天天与女儿一起吃早餐（在外吃早餐时，就顺便陪她走路上学）。

比女儿大9岁的儿子，就没那么幸福。他就读的小学有营养午餐，但初、高中也只能吃学校福利社的便当。高三留校自习的晚餐，则吃校外卖的铁板面配可乐（也影响发育）。我只"负责"给他饭钱，却不"关心"三餐是否营养美味（包括心灵的满足）。这点他"抗议"过多次，我都没听进去，其实是我不懂他的心。

父母若能勤奋工作且同心协力（单亲也可以），不仅能满足孩子的基本生活需求，还能布置一个温馨整洁的家庭。在良好的环境里，亲子共同进餐、休闲娱乐、共学。

但物质的供应要适可而止，"慈母多败儿"，过于满足孩子的物欲，会使他贪图享受、爱慕虚荣，反而养成与人攀比的习惯，造成价值观偏差或引发自卑心理，甚至看不起自己的家庭，或走向犯罪的道路。例如我曾辅导的学生中，就有人因为羡慕别人拥有某些东西，或因缺乏零用钱而偷盗。此时父母的态度就很重要，比较简单的做法是给孩子适当的零用钱或奖励金，使其有钱可以和同学正常社交或买自己想要的东西。

若因家贫买不起较昂贵的物品，父母可采用其他方式帮助孩子取得替代品，但不需要因此向孩子致歉，或让孩子感到低人一等。例如我在中学时的家政课，常需一些布料等手工艺材料，爸爸就带我去裁缝店向老板要裁掉的废料或拿家中的旧物代用，那些碎布拼凑起来也挺漂亮的，不一定要花钱买新的材料。我没钱买参考书，就跟同学借或买较便宜的测验题本。没钱上补习班，爸爸就要我在下课时多找老师问问题（他也会带着我去拜托老师帮忙）。

▌提升家庭的精神环境

在孩子的心理需求方面，若父母几乎没时间与孩子交谈，孩子又老是挂在计算机或手机上，这样的家庭也是"失能"的。因为父母不够了解孩子，当他们遭遇困难时，将无法及时向父母求助，得不到成人的支持与指导。父母漠视孩子的情绪感受，致使孩子心理不平衡，因而判断错误而做出有偏差的抉择。

当孩子有坏习惯或偏差行为时，父母应先检讨是否有家庭问题而对孩子造成负面影响。先聆听孩子的理由，多给他一点时间诉说。也可让他写下事情的前因后果及他受到的教训、应具体改善的地方等；父母自己先多看几遍，然后再与孩子共同探讨，效果会更好。

近来，父母常为孩子玩网络游戏成瘾而烦恼，甚至需带孩子看心理科门诊。所谓"游戏成瘾症"（gaming disorder）指的是"玩网络游戏失控，导致生活失能"，不是单纯的"花太多时间在游戏上"。具体表现为，上网打游戏到无法自拔，让日常生活的优先级产生变化，严重影响生活、健康与学业的平衡。

相关部门的调查报告显示，台湾地区每30名初中、小学学生就有一人呈现高度网络游戏沉迷的倾向。依据某研究院与马偕医院研究团队在2018年调查得出的"网络游戏成瘾量表"，本地青少年网络游戏成瘾盛行率约为3%，略高于欧美国家的1%。

2019年，世界卫生组织（WHO）将"游戏成瘾症"列入新版《国际疾病与相关健康问题统计分类》（ICD11），正式列为成瘾行为之一。

心理辅导专家提醒，青少年的问题不在于沉迷网络游戏，而在于他们无法处理好现实生活层面的问题，可能因为课业跟不上或人际关系遇到挫折，在现实生活中没有成就感，导致他们逃避到网络游戏的世界。父母想改变这种情况，首先得避免批评孩子在网络游戏里获得的满足与成就，不妨抱着好奇与尊重的态度，了解网络游戏吸引孩子的地方，再试着提升孩子在现实生活中的满足感。例如亲子之间通过共同活动，增加彼此的互动，也能让孩子获得满足感。

"课业跟不上"是许多青少年共同且最大的烦恼，以我的大妹淑慧来说，她在中学阶段非常用功，但成绩仍不理想（力不从心），因而产生了自卑感。尤其她看到哥哥、姐姐、妹妹都考上理想学校时，受到的刺激更深，心理压力更大。她的高中好友曾写信给爸爸，要我们多关怀及鼓励淑慧。信上说：

淑慧回家也有好多天了，她常来信，从信上可知最近您对她很关心，您好爱她，我很羡慕。我也有过一段这样的岁月，但已经过去了。所以我常在信上告诉淑慧，有您这样一位父亲，实在值得高兴和满足。

写此封信只是想告诉您一些多了解淑慧的方法。她有很多含蓄的感情，但外表塑造出来的是个外向偏一点内向的人。有时她自己都不容易控制自己的情绪，她的脾气之所以如此，我想是因为自卑感造成。她很想保护自己，可是玻璃总有碎的时候，当玻璃碎了就不好收拾了。

您可以多给她建议，多讲一些经验，让她祛除自卑心理。对她不要施加太大的压力，一有压力她就会想得好远、好多，影响她的身心发展。有时我觉得她的心好像比同龄人要老一点，也许早熟对女孩来说没多大坏处，但是太多压力会令一个人变得对任何事都没有信心。人活着如果对凡事都抱有希望，不是会活得更愉快而且更有意义吗？

如果您可以对她多加鼓励，她会很有成就的。念书是一种对事物多层次且更深的学习，但不是每个人都可以看见成果。住校那段时间，淑慧每天牺牲掉美好的睡眠，拿着笔一直在看书。她很节省，常常饿肚子舍不得买太多东西吃。每一个长夜，她都在完成您的期盼。也许做得不好，您是否可以谅解她？她已经吃过苦了，也要给她一点甜果吧？

人总是矛盾的，您之所以责备她，是太爱她的缘故，但要找到正确的方法，要施与受双方都能相互关心、爱护，这样不是比较好吗？对她的心理治疗，要看她的问题出在哪里。和她好好说，别责备，否则她会崩溃的。她的心很脆弱，您必须给她最强的强心剂。用她可以接受的方法，我想她一定会茁壮成长。

大妹淑慧初中毕业后，为了与生母亲近（希望全家破镜重圆），从高雄到台北读私立高中。背井离乡加上学业压力，让她难以适应，影响了身心健康，这是爸爸多年来心中的遗憾。因为大妹年纪还小，父亲无法贴近关照她，所以当她面临课业困难及心灵空虚时，也无法及时填补。

后来她考大学屡屡失利，但爸爸知道她有颗奋发向上的心，便告诉她："不是每个人都需要读大学。"淑慧后来以远程教育学习方式取得学士文凭，也参加补习班学习各项计算机技能。因而得以顺利就业，也发挥了个人特长。她后来在各个地方工作都能努力适应，迎头赶上，表现杰出，受人赏识。

弟弟新民在初中及五专阶段原本也很贪玩且功课不佳，但在爸爸不断鼓励与信任之下，他逐渐体会到父亲的苦心，考上了当年很难考取的"预备军官"。退伍回来后，因为打篮球不慎造成右手臂骨折。治疗不顺利，让他狠狠吃了苦头。我们各忙各的、来来去去，只有爸爸不离不弃地在医院照顾他。他除了亲身体会到父爱，也萌发日后转考医学硕士的念头。

子女面临成长困境甚至濒临犯罪边缘时，除了父母操劳烦恼，手足的付出也有很大的功效。我的父亲教给我们一个很好的观念："兄弟姐妹就是你的手足，如果手足不好，你的身体怎么会好？所以一定要好好照顾你的手足，手足的事情就是你的事情。"

父母还要懂得求助，及早、主动与导师或辅导室联络，让校方了解孩子的情况并及时辅导，使孩子得到更多教育资源与关怀。我的初中阶段就因父亲主动向导师说明家庭状况，而得到老师们特别的关怀与具体帮助。尤其是导师（谢谢蔡明雪恩师、喻健恩师），让我担任班长，帮我提升课业成绩，使我在学校获得很大的成就感与快乐，减轻了物质欠缺与家庭混乱带来的痛苦。

我成长于贫寒家庭，虽然物质条件极差，但爸爸无论再忙再累，都不忘照顾我们四个孩子的心理状态。他非常关心我们的人际关系与学校生活，经常带我们散步、谈心。私底下，我们都认为自己是最受爸爸喜爱的那一个！

▎让每个孩子"做自己"

近年来出现的"啃老族"（NEET），是指"不就业、不升学、不进修"（not in employment, education or training）的 15 到 34 岁年轻人。他们多数长期生活在父母羽翼的庇护下，一旦进入社会即丧失做决定的能力与勇气。他们通常缺乏自信、人际关系紧张，不能面对由校园转换到社会的挑战。或曾在职场受到挫折，就不愿再尝试就业。

父母过度保护孩子，是养出"啃老族"的主因。 在"少子化"的趋势下，父母大都有经济能力接济儿女。"啃老族"一旦遭到挫折而退缩回家，渐渐地就成了足不出户的"隐蔽"青年。"啃老族"中不乏曾经听话的小孩，从小接受父母安排，为满足家庭期望而不断读书、补习，长大了才以消极态度来表达对父母的不满。

没有任何父母希望自己的孩子变成"啃老族"，但这类父母却不自主地掉入"操心太多、安排太多，但孩子却不一定领情"的恶性循环。啃老族"茧居"家中时间越久，就业竞争力就越薄弱，变成家庭甚至社会的沉重负担。

造成孩子"啃老"的原因正是父母不知"放手"，使孩子错过了人生关键的试错（trial and error）练习阶段。要培养孩子的自主性，父母就必须退后。如果父母想判断孩子是否真心想要尝试某一个职业方向，最简单的方法是"问"，再观察孩子的反应。如果孩子清楚自己的选择而且坚持要做，即使有风险，父母也必须让他承担后果。

在试错的过程中，孩子必须学习为自己负责。父母可与孩子共同讨论阶段性目标，等到孩子的成就感与自主性增强后，再寻找下一个目标。不要把目标设定得过高，让孩子处在"重复挫折"的状态，使其自主性越来越弱，以至于无法做出正确的决定。父母必须给予青少年与成人同等的权利，并要求他们履行义务，才能让青少年的成熟度不断上升。

9 亲子意见相左时

"莫非效应"是指隐约感觉到"有问题"的地方最好赶快处理,否则一定"会出事"。"魔鬼藏在细节中",越忽视的地方往往越容易被"侵蚀"。所以,即使孩子目前没什么问题,甚至表现优异,父母仍要"见不贤而内自省",虚心地从蛛丝马迹中寻找自己的教养盲点。

例如与孩子的身心距离渐行渐远(忙于工作或亲子交集太少),父母失和而造成不良的家庭气氛,父母的情绪失控(言语暴力或精神虐待);对子女过度保护或期望过高(成功标准与面子问题),经常指责孩子而很少赞美,对孩子的生活教育不足;孩子的情绪失控,孩子的交友问题,亲子失和(或与父母一方不太亲近);等等。

因为亲子之间成长环境与生活经验不同,不少地方容易"意见相左",如升学、交友、社团、休闲活动、生活作息与习惯、饮食喜好、手机使用、职业生涯规划等。这只是彼此对事物的重要程度或价值排序不同,不一定是谁对谁错,也并非不能沟通与改变。

138

⚜ 亲子期望与目标的拉锯战

以职业生涯规划或未来目标来说，父母真能了解孩子的长处，而放手让他尝试吗？孩子有机会和父母畅谈自己的未来，不怕被父母评断或阻止吗？

▌让孩子勇敢追梦

Leo 王（本名王之佑，1993 年生）2019 年 26 岁时，获得第30 届金曲奖最佳华语男歌手奖。得奖时，Leo 王在台上说："我本来是念社会系，后来辍学（大二休学），打算提早专心搞音乐。妈妈对此非常失望，好像我大学没有毕业就非常不孝一样！妈，不要再这样对我进行情绪勒索了，我也爱你，但是我不一定要听你的话。"

帝亚吉欧（DIAGEO）是全球酒精性饮料领军企业，2003 年起在中国台湾推动"KEEP WALKING 梦想资助计划"，鼓励个人追求自我成就，力求为当地文化创意产业、社会企业、环境保护、人文科技、教育、医疗等多个领域尽一份心力。

"KEEP WALKING 梦想资助计划"目前仍持续进行中，该项目团队曾将第 12 届梦想资助计划成果整理为《乐筑梦想，成就非凡》一书。下文将以书中两个例子来说明父母对孩子的态度是孩子能否勇敢追梦的关键。

先以企管系毕业的陈凯翔来说，年仅 28 岁的他即与伙伴共同创办 OneForty（2015 年成立）。这是一个非营利组织（NPO），名称为"社团法人中国台湾 1/40 外籍劳工教育文化协会"。那时在中国台湾每 40 个人中就有 1 位是来自东南亚的外籍劳工，差不多占中国台湾人口总数的 1/40（到了 2018 年外籍劳工人数超过 67 万人，大概占人口数的 1/35）。

该组织的工作目标是让东南亚国家劳工在中国台湾的旅程更具价值，通过设计各种在线与线下的培训课程，让外籍劳工在工作之余学习并提升自我。为他们提供一个温暖自在的环境，让他们可以在这里做自己、说自己的故事，也能学习有用的知识或技能，进而协助他们更快地融入台湾社会，以及回去后有能力开创更好的生活。通过定期的文化交流活动、艺术展览、新媒体运营等，该组织将东南亚国家劳工的故事传播于中国台湾这片土地上，为创造一个实质友善的社会贡献力量。

很多东南亚国家劳工在台湾一待就将近 10 年，为中小企业的工厂、大型公共建设项目补充基层劳工，很大程度上填补了中国台湾社会的劳动力不足缺口。如果这些东南亚国家劳工突然消失，我们的社会会变成什么样子？你希望他们回家后会如何形容中国台湾？

陈凯翔大学时期就阅读了大量有关国外非营利组织的书籍，后来有机会到北京大学光华管理学院当交换生，恰逢汶川大地震，开始关注外籍劳工的问题。

大学毕业后，他不确定自己的职业方向，于是决定给自己多一些时间去探索。他选定旅费便宜又有朋友家可借住的菲律宾。

回台湾不久，他又给自己三个月时间去了趟印度，跟随当地非营利组织一起照顾贫民窟的孩子，教他们简单的功课、照顾他们的三餐。

从北京、菲律宾到印度再回台湾，什么样的父母可以容许、放手让孩子这样四处漂流？年轻创业者常见的"家庭革命"，幸运地没有在他周遭掀起风暴。陈凯翔说：

> 我的爸妈不太担心我，可能是我一直以来都把自己照顾得很好吧！

▌父母的支持与了解

书中的另一个例子——马术骑士孙育仁，他是先天性脑麻痹患者，从小母亲就带着他参加许多康复课程，直到 5 岁才会走路，话也才说得比较清楚。他是单亲家庭，母亲没有因为他的身体疾病而对他宠溺。小时候他跌倒时，母亲不会冲过来抱起他或激动地安慰他，反而要他自己站起来，如果站不起来就看着他一直趴在那里。母亲说：

> 我没办法陪你一辈子，但脑麻痹会陪你一辈子。

这样的教育方法让他从小就坚强独立、不轻易放弃，母亲不断让他尝试许多运动，但不强制介入，而是让他自己选择。母亲这种不放弃与开明的教育，就是他能一次又一次跌倒再站起来的力量。

初中毕业后他决定成为一名马术选手，马术教练推荐育仁去新竹所罗门马场当学徒，在那里他要做清洁马房、刷马、洗马、备马、喂马的工作。他每天五点半就起床，在这样的生活中培养出不同凡人的耐力。他学骑马要比一般人多做好几倍的练习，例如在马背上随着步伐一站一坐的"打浪"，平常人大概练习50到100下，他每天要做1000下才休息。

但不是每个孩子都能得到家人的理解与支持，有时自己尽了全力，父母仍然放不下期待（其实是莫大的压力）。叙写自己罹患抑郁症，将发病过程出书的蔡嘉佳，在第二本书《废文》中提到，她的压力来自升高中时没有考上第一志愿（考上第二志愿文华高中），使她自认为是升学主义的失败者。因为母亲在每日必经的路上（往左是台中女中，往右是文华高中）对她说：

> 我以为你会像姐姐一样，穿着绿色制服站在那儿等公交车。

嘉佳知道母亲是无心的，因为父母也是升学主义的"被绑架者"。嘉佳好几次想象自己穿着绿衣黑裙，站在树下站牌等车的画面。后来好一阵子遇到绿衣黑裙的女孩，就低着头迅速走过去，有种"不如人"的情绪压抑着。

🌿 化解亲子冲突

亲子冲突不一定很明显或发生在不听话的孩子身上，也不都是故意的或能够解决的，且不一定有破坏性或需要压制。

▌仇恨不能解决问题

读小学之前，我的爸爸被判刑入狱（刑期一年半），妈妈很辛苦地开杂货店（一毛钱商店）养活我们（小妹淑芳尚在襁褓中）。后来妈妈与邻居（有妇之夫）离家出走，丢下了我们四个。爸爸出狱后四处寻找妈妈，知道她已和别人生了孩子，爸爸只好同意离婚。

是否该恨妈妈？我们四个孩子的感受也许不同。我跟妈妈的相处时间最久，也看到妈妈的辛苦。读大学后与妈妈恢复了联络，所以我尝到的"甜头"较多。如果一定要说，我会同情她，因为学历（小学肄业）与就业能力不足，所以她才不得不抛下我们。

所以基本上我鼓励离婚后的夫妻要化解仇恨、维持良好关系，不要将上一代的恩怨让下一代"继承"。这当然有一定的难度，要花相当的时间来调整自己。但为了儿女的未来，绝对值得努力放下仇恨。

一些父母因为自己的心灵受创，除了百般诋毁另一方的恶行外，也强力阻止孩子与另一方见面，将孩子视为自己的所有物，要孩子只感恩自己的付出。这样做的后果，满足了自己的情绪宣泄与心理需求，却牺牲了孩子对亲情的渴望，也可能造成孩子认知的错乱（对父母爱恨的矛盾心理）。孩子会认为父母处理不了婚姻中的种种问题，为什么要把小孩牵扯进去，弄得子女的人生也充满阴霾？

▎继父母难为

读初中时，爸爸为了让我专心于课业（没时间做家务了）而再婚；然而，我们与继母的相处，比想象中困难得多。并非我们四个小孩任性，有人肯来当我们的妈妈，实在"求之不得"，怎会与她作对？但要建立母子关系、产生情感，真的不容易。而且不知何故"动辄得咎"，一天到晚惹继母生气，因此我们常挨骂、挨打。

纷纷扰扰近6年，在我高三那年，爸爸还是与继母离婚了（之前离过一次婚又复婚）。当时读小学六年级的小妹淑芳频频追问："这次是真的离婚了吗？不会再结婚了吧？现在可以随便说话了吗？"可见她与继母在一起时是多么谨慎、恐惧，开口都怕说错话！

建立继亲家庭的亲子关系是一门大学问，要有相当的修养与智慧。有位单亲妈妈带着三个孩子改嫁，又与丈夫生了一个孩子。这是一对有智慧的父母，建立了良好的继亲关系。

1. 维持孩子们对继父原先的称谓（×伯伯），不改变原先的关系（原本×伯伯就与他们认识，平时很照顾孩子们）。

2. 买东西或礼物时只给前面的三个哥哥姐姐，最小的弟弟必须耐心等待兄姐分享，否则就没有。久而久之，兄姐基于"同情"（其实是感受到继父的用心良苦），终于将最小的弟弟视同手足，乐意与他共享，不再担心继父偏心了。

▌亲子冲突的建设性

爸爸与继母离婚后，我们家又成了单亲家庭（其实继母在家时，爸爸也算单亲，因为继母几乎都不在家），爸爸的责任未了，要继续带领初、高中阶段的弟弟妹妹前进。除了我读公费学校，弟弟、妹妹都读私立学校或重考班（弟弟读正修工专，大妹读金陵女中，小妹读初四重考班）。沉重的经济压力之外，青春期孩子的问题也特别多，爸爸的烦心事可说是"全年无休"。

除了亲子观念的冲突，爸爸还有其他"力有未逮"之处，例如他没法协助我们姐妹处理生理发育方面的问题，例如内衣选择、卫生棉使用等问题。在照顾儿子方面，爸爸可能也有盲点，例如难以满足弟弟对母爱的渴望。"关关难过关关过"，爸爸可真费尽了心血。

父亲或母亲谁较容易与孩子发生冲突？父亲或母亲谁较擅长化解亲子冲突？这可能没有一定的规则，例如单亲教养时，就全都是一个人的责任，必须"十项全能"。以我来说，与单亲爸爸的冲突也不少，例如在"辅系"的选择上，爸爸在第60封家书上说：

我要你选修英文、日文，并不是说将来可以为人补习而赚小钱，是为大而远处着想。今天通讯与交通发达，世界越来越小，外语是国与国之间的新知识以及交流情感的必备条件。社教系的工作范围甚广，今天这个世界如果没有掌握多种外语交流能力，就不可能有超人的成就。

不要以为我的想法是为了钱，那你就错了。我说过，我对子女的奉献，就如同一支蜡烛，照亮别人牺牲自己。我不求得到什么，我没有动产或不动产给你们，只希望你们能读尽量读。我说的已经太多了，决定走哪条路全在你自己，以后不会再说了。

后来，我并没有接受父亲的建议，仍然选择中文为"辅系"，现在想来其实有些后悔。

再来，父亲认为我的大学生涯中社团占据的时间及心力似乎太多了，要我辞去某些社团活动的职责。但后来，他在第70封家书说：

虽然有时候我们在参加社团上的意见不一致，但事后发觉，你的决定是正确的。上次我观看了你们语言社举办的"师大杯"辩论比赛，我才领悟到社团活动才真正是大学生表现自我、发展才智、砥砺品学、塑造自己、开拓人生、读活书、学习做人做事的最佳途径。

正如你说的，社团活动的重要性与功课相当，是一种走向社会前的实习，我支持你的做法与决断。

结果父亲改变了他的想法，十分支持我的社团活动。所以大二、大三两年，我担任不同社团的负责人，参加许多演讲、辩论、论文写作等比赛，举办了各种讲座及活动。

大二到大四，我还到师大附中担任演辩社的指导老师，万分荣幸认识了一群十分优秀且热情（有温度）的"附中人"，生活过得活跃又充实，动静兼顾。不仅是正式学分的学习（为了考教育研究所，我修了许多教育系的学分），还充分利用社团、实习（我的主修是社工）、比赛等潜在课程，使我在大学毕业那年获得"师大杰出学生奖"（全校共四名，每学院一名，研究生一名，我是教育学院的得奖者）。

当时我曾向父亲提到家教赚钱的辛酸，认为不值得浪费时间，但爸爸在信上说：

你说家教之辛酸，非身在其中无法体会。与课业权衡之下，你决定放弃此暂时赚钱的机会，这是你做得最具远见与智慧的决定。辞了家教，心情较为轻松，可做更多事，看更多书，不想为近利所累，迷失了伟大的理想。

我支持你的决定，但是你说人生并非以赚钱为目的，这句话有语病。你的想法尚停留在学生阶段，是美丽的幻想。

当你深入社会，接触现实的生活，面临衣食住行、柴米油盐的时候，就知道金钱的魔力无穷，压力无情。钱是媒介、是工具，"君子爱财，取之有道"，"取之社会，用之社会"，赚钱有何不可？

爸爸先支持我的决定，继而提醒社会的现实面，以及指出我在思考上的不周全。这样的沟通方式较为间接、委婉，是所谓"三明治沟通法"（将"建议"夹在上下两片的"赞美与支持"当中）。

我与父亲的冲突还有更重要的大事——我的中阶目标"大学毕业后的进程"，我们父女意见不同、思想差距太大，最后爸爸仍尊重我的决定，不再勉强我。在第74封家书中，他说：

> 关于你将来是教书呢，去念研究所、出国，还是参加"公务员"考试，做个"公务员"？你问我的意见，我认为还是要问你自己的兴趣、理想与决心如何，我不敢再勉强你要如何。
>
> 并不是我不关心、不负责，因为我们父女的思想有距离；我的思想在几十年生活的煎熬之下，偏重于现实。如以前就你选读英文辅系，及你结交男朋友这两件事而言，我们父女的想法、看法大相径庭。
>
> 你们年轻人对社会上人、事、物的看法，都是美化的、梦幻的，兼而有冲动的，是对是错，不敢肯定，所以我只好屈服。

对于你将来干什么，如果真要我表达看法，我认为教书要、"公务员"考试也要，念研究所和出国深造更要，因为这是一个有抱负、有志气、成大事、创大业者一贯的奋斗程序，并不冲突。

师大毕业后，教书一年是命令，也是必须做的事，一年之后参加研究所考试，这是人人都希望的。至于出国与否，要看当时自己的生活条件及社会的需要而定。假如有机会且适合自己，当然是要争取。探讨更高更深的学问，对社会与个人都是有益而无害。

现在看到父亲对于我国外读书的建议，我承认自己又是一阵汗颜与后悔。不得不承认爸爸是对的，也谢谢他支持我当时不够有远见及吃不了苦的抉择。

▎团队合作与向人请教

不论是父亲或母亲，与子女发生冲突时，都要反省，要共同合作，一起找到冲突的关键点。夫妻间若是相互指责、推卸责任，就会使情况更糟。

如果是单亲家庭，就要多找有经验与智慧的人，陪你一起客观及多角度地审视。一个人闷着头想，不仅无效，而且会错失帮助孩子的最佳时机。双亲教养也一样，若有良师益友一起帮忙"诊断"问题，可以更快看到盲点，避免犯下"我所不知道的错误"。

多请教、多学习绝对是个良方，并非别人的意见一定比你好，或自己全都做错了。而是借由别人的刺激，找到最适合的方法，让自己不会白努力、吃力不讨好。

教养男孩或女孩在亲子冲突的程度或类型上有所不同吗？一般认为男孩调皮或男孩更有前途，这是社会价值观造成的性别偏见，对男孩或女孩都不公平。在教养中，**真正重要的还是要发展孩子的潜能与个性**。有时多问问孩子的老师或身边的亲友，他们可能更能指出我们对孩子的误解（或"性别刻板印象"），提出他们所看到的孩子的亮点。

▌宽容与尊重

父母是孩子最亲近的人，如果他们都看不出孩子的天分，其他人就更难做到了。只有亲子之间够坦诚，孩子才会将隐藏的自己打开，告诉父母自己真正的需要，或自己有哪些天赋是父母没有注意到的。

我的父亲也曾为了青少年阶段的弟弟、妹妹伤透脑筋及伤透了心，因为他们年少时无知，容易言行上冒犯父亲。在第111封家书中，爸爸说：

> 淑芳已初中三年级了，但仍不知努力，我口已说破、心已碎，奖罚均已无效，请你替我、替她想想办法。新民虽能克制她，但新民无耐心，也是我时刻头疼的一个。这两个孩子

虽聪明，但不好学，且时有犯上的言行，让我痛心极矣。

后来他们都在课业上"反败为胜"，是因为他们自己有了学习动机，气势就锐不可当了。淑芳在初四重考班的成绩最初是47名，然后一路进步为第30名、第16名、第5名，半年不到就蹿升到第1名，之后也一直维持第1名，从一个高中落榜生，变成考上第一志愿的优等生。成年后远赴英国利物浦大学攻读硕士学位，之后再取得高雄医学大学护理学博士学位。有了目标，读书就能完全自觉，不需要任何人逼迫。

新民的情形更加曲折。正修工专毕业后，服预官役三年。退役后到补习班学习一年，而后考取工业技术学院（今台湾科技大学）机械系。工作三年后以自己赚的钱进入补习班，准备医学硕士考试。直到第三次，终于考取台湾成功大学医学系。这一过程中的艰苦无法言喻，但都没有把他击倒。

弟弟新民是家中唯一的男孩，传统上"重男轻女"的观念并未使爸爸对他期望最深或偏心。但因他非常调皮，相信爸爸应该费尽了苦心。记得弟弟小时候很贪玩，常整天不见人影。爸爸非但没骂他，还说："儿子啊！就凭你这股玩的精神，不怕热、不怕饿、不怕渴、不怕累，将来做什么事都会成功。"

爸爸对我们都很宽容，几乎是完全尊重孩子的选择。包括我的高中选组、大学选辅系，淑芳没考上高中而选择做工等；尤其对弟弟新民更是明显。弟弟说：

我从小就很会玩、不太乖，也许是因为爸爸对我"施不上力"吧！所以对我比较宽容。爸爸常对我说："能念多少书就念多少吧！将来有份工作就好。"

高中时我考到左营高中，五专登记后，爸爸先带我到嘉南药专看看（认为读这所学校将来较容易找到工作），最后我登记上了录取分数线较高的正修工专。

"服兵役"时我考上预官，在一起的其他预官都是大学生，只有我是五专生，于是萌发了读大学的想法。退伍后回家没几天，因为打篮球而摔断了手（注：当时他一直哭着说："爸爸，对不起！"）。手术不太顺利，住院期间（注：许多人挤在一间大病房）几乎都是爸爸一个人在照顾我。

到了10月份手伤才痊愈，我去台北中途插班进入补习班，来年考上台湾科技大学机械系。正修工专同一年毕业的仅有两人考上第一志愿，爸爸非常高兴，还放鞭炮庆祝，大概是没想到我会考上吧！大家也都觉得我是一匹"黑马"。

以前我很贪玩，20岁以后却开始自觉地读书。读完二年制专科取得大学文凭后，接着我决定报考医学硕士。花了两年在补习班念书，考上台湾成功大学医学硕士，读了五年，直到31岁毕业。

整个成长过程回想起来，我和爸爸的交集好像不多。因为我一天到晚在外面玩，回到家也很少跟爸爸交谈（注：弟弟觉得奇怪，为什么我们三姐妹都跟爸爸很亲近，有许多话可说）。

但我还是感觉得到爸爸为这个家付出了很多，长期的单亲生活真的很累。可惜他在我刚刚担任住院医师时就中风了，当我可以赚钱给他时他却享受不了。

当时我拿一大沓钞票给他看，告诉他这是我赚的钱。爸爸高兴得用不清楚的声音急促地说："你赚的吗？是你赚的吗？你真厉害！"

我非常感谢妻子晏晨将爸爸当成自己的亲爸爸一样照顾，使他中风后能过得较好（包括有了3个可爱的孙女及1个聪明的孙子）。但是我也十分遗憾自己身为医生却没能治好爸爸的病，让他可以多享些福。

而今我有把握可以治好他的病，却一切都来不及了，爸爸真的很可怜！

新民嘴上说与爸爸的交集不多，但实际上当爸爸心肌梗死而"跌倒"，在特护病房住院48天，好几个月的抢救，要不是他尽心尽力地照护（父亲严重中风后，大多住在新民家里，其次是淑芳家里），爸爸应该难以多活7年。

弟弟虽然一直感到遗憾，但我这个长姐却非常感谢他及弟妹晏晨。我的弟弟妹妹都非常孝顺，淑慧、淑芳都是爸爸心目中最贴心的好女儿。

第 *4* 篇

不只孩子要长大，父母也要

🌿 10　母亲与父亲责任的平衡 🌿

"相爱容易，相处难"，夫妻间有哪些差别会影响子女教养？最明显的是"性别刻板印象"，也就是传统"母亲的责任"与"父亲的责任"的观念。一般认为男主外，女主内，即使双薪家庭，丈夫仍可较重视事业而将家庭责任交给太太。若妻子觉得丈夫过于忽略父亲的责任，该怎么劝说？反之，若丈夫觉得妻子过于看重事业而忽视家庭，又该怎么协调？当我们发现另一半容易对儿女大声叫嚷时，该怎么沟通？若另一半与儿女相处的时间太少，要如何增进亲子关系？

父母亲责任的观念，涉及双方的成长环境，也就是原生家庭的示范与影响。

东方家庭的教养问题通常与上一代有关，尤其是三代同堂或由祖父母（外祖父母）担任孩子的"保姆"时。妻子若与公婆教养态度不一致，丈夫该怎么处理？另一方面，若丈夫与岳父母教养观念不合，妻子该怎么介入？

🌱 生活与工作的平衡

东方女性的重担不只有婚后自己的家庭，还包括要打点婆家事务，但同时又觉得愧对娘家。加上通常男性较不关心妻子的娘家事务，使女性的压力更大。

传统的婚姻关系，丈夫不用做家务也不帮忙带小孩。有些家庭主妇每月领取家用金（用来买菜及日用品），先生仿佛成了发薪的老板，不但看不起妻子，还把妻子当成员工来衡量其价值。有些女性帮忙打理夫家的事业，不但得不到酬劳，还得"内外兼顾"，又被限制行动自由，丧失基本人权。

传统的性别观认为，养儿育女是女性的优先任务，就算职业妇女也不应追求事业的成就。因此，女性如何平衡家庭和工作，成为一大苦恼。要不要请假带孩子或公婆去看病？要不要加班、进修？要不要追求工作绩效？女性总是因如何应付"性别角色期待"而感到烦恼。

要促进职场的性别平等，除了政策上推动女性怀孕后可以居家远程办公、提供复职支持外，也要积极鼓励企业任用女性担任要职，改变女性只能养儿育女的价值观。

芬兰的高生育率与性别平等，与良好的家庭政策有关。国家提供父母充足的资源及心理支持，帮助女性顺利生产和抚养孩子。同时加强父亲的角色观念，确保幼儿能得到必要的照护。

瑞典兼有女性高就业率及欧洲最高的出生率，因为爸爸愿意请假照顾小孩。瑞典政府为男人提供免费的"父亲课程"，让男人在心理和技能上都能真正成为"育儿者"。生育一个孩子能享有超过一年的带薪假，可领高达收入八成的福利津贴。父母任一方都可在孩子 8 岁之前，选择休全职（full time）、半职（half time）或是 1/4（quarter time）的假。

现代社会注重性别平等，但职位越高的女性越难兼顾家庭。女性不敢比丈夫成功，情愿牺牲自己，让丈夫打拼事业时无后顾之忧。女性最难抗拒的事是照顾小孩，离职理由总是"孩子还小，需要妈妈"。虽然女性对于工作的全力投入能获得精彩的成绩，但一想到家庭与儿女，仍然觉得对不起孩子（有罪恶感）。

妻子和丈夫都全职工作时，妻子处理家务及照顾孩子的时间仍多于丈夫。需要有人照顾家庭时，女性更容易放弃工作。如何将养育儿女的工作交给先生，使其成为"家庭主夫"呢？

庆幸的是，现代女性的平等观念及自信心都增强了，懂得争取工作与生活的平衡，邀男性一起分担家务、照顾儿女。这部分也需要男性的进步，有些女性结婚生子后仍能在职场冲刺，就是因为配偶支持且欣赏妻子在事业上的成就。男性不仅能给予妻子精神上的鼓励，也能多留时间照顾小孩，这正是现代社会"平衡工作与家庭"的努力方向。

▋对儿女的迁怒及肆意宣泄情绪的后果

如果处理不好上述工作与家庭失衡的问题，父母就可能把负面情绪迁怒到孩子身上。每次想到坚强的父亲，我总感到无尽的惭愧。因为当年我对待长子钧豪的方式，就是因为处理不好自己的问题，转而将情绪宣泄到他身上。钧豪成年后，我开始写信向他道歉，每周一封（不须回信）。第40封信上，我写着：

我将自己的压力转嫁、迁怒于你，是因为当时我要做的事情太多啦！如博士班课业、与公婆的相处（三代同堂、教养冲突、婆媳问题）、照顾比你小近10岁的妹妹、写升教授等的论文、照顾你生病的外公和爷爷……而你爸爸又不在家（职业军人）。

其实我是依赖你的，但忘了你也还是个孩子。我给你太重的压力，却没有好好感谢你及赞赏你。

我将自己的负面情绪转嫁给钧豪，经常责骂他，语气、措辞、表情均不佳；以致我们母子关系疏离，他害怕接近我（他说，怕看到我失望的表情，怕听我又说一遍重复的话）。我没给他足够的温暖与鼓励，却经常冤枉与斥责他，使他逐渐丧失自信及斗志。

▌正向面对，渡过情绪关卡

也许你也有相同的愧疚，因为过不了自己的情绪关卡，对孩子任意发怒，说了不该说的话，做了不该做的事。哪些状况会成为父母的情绪关卡呢？如：

1. **工作**：太忙、太累、不顺遂、失业、业绩压力、人际困扰等。

2. **身体**：睡眠不足、运动不够、生病、慢性疾病缠身等。

3. **夫妻情感**：经常争吵、面临婚姻危机（外遇）、离婚等。

4. **经济**：负债、收入不足、生活贫困、交不出孩子的学费等。

5．**人际关系**：婆媳、妯娌、娘家的纷争。

父母要怎么面对自己的情绪关卡呢?

1．**面对问题，找出正确的解决方法**：例如失业时应寻求资源，如失业补助、参加职业培训、降低标准先找个工作等。一味地借贷、不肯屈就或不想工作，都不是正确的做法。

2．**适时纾解压力，莫累积负面情绪**：要觉察到自己的情绪变化，尤其是负面情绪。压力产生时要尽早纾解，包括休息、听音乐、运动、饮食、改善睡眠等。平时要有多重的纾压管道，以免负面情绪坐大。

3．**适度让子女了解家庭现况，全家共同努力**：就好像医师要让病人知道病情，告诉病人除了信赖医师之外，自己还可以做哪些努力，才能尽早康复。可适度让子女知道家庭的困境，让子女一起努力，协助父母渡过难关、迈向幸福。

4．**自我激励，不只为自己而活**：父母的情绪好坏会影响孩子的前途，为了孩子不能那么任性，要好好调节自己的情绪。为人父母后，不能自私自利，心理必须快速成长。

5．**珍惜拥有的幸福，活在当下**：人们容易为了"得不到"或"已失去"而苦，却不珍惜眼前拥有的幸福（往往视其为理所当然）。其实正确的态度是接受"得不到"或"已失去"的事实，学习释然与顺其自然；同时看到眼前拥有的幸福，并好好珍惜它。我的爸爸就经常说，看到我们四个孩子的成长与成就，就是他最大的幸福。所以我们子女也很努力，想带给爸爸幸福。如动力火车所唱的歌《我给你幸福》：

> 宁愿像个神灯，你的梦都想去完成。
>
> 你是我的美好我的责任，真爱让人无所不能。

也要以萧煌奇唱的《只能勇敢》，与所有父母共勉：

> 我只能勇敢学习释然，把离别的苦思念的酸都看淡。
>
> 人总要习惯，生命就是一站一站不断在转换。

当父母出现生活失控的感觉时，孩子容易变成父母拿回控制感的重要来源。父母在工作中累积的挫折与无力感，回家后转为对孩子大声吓阻，以得到一丝丝的舒缓。因为无法改变对配偶的不满，就把注意力转向对孩子的监控，试图改变儿女。当自己职场不如意、目标无法达成或与同事竞争失败时，就会要求孩子"不要输在起跑线上"，这些都是错误的教养方式。

🌿 为了儿女，不能被击倒

当年我的父亲面临妻子离家出走、自己健康欠佳、四个幼儿嗷嗷待哺、失业又借贷无门等困难时，他的心情一定非常沮丧、悲伤、焦急、怨恨，如何能不被击倒？

当年父亲若陷入负面情绪的深渊，进而迁怒或宣泄情绪在我们身上，他可能会自暴自弃、一蹶不振，甚至带我们同归于尽。那么，四个幼小的生命就不可能有美丽的人生了。

父母要如何振作起来？以身体来说，累了就该休息、渴了就该喝水，满足这些身心需求才能恢复元气。心情不佳时也是如此，要先了解及照顾自己的心情，才有余力帮助子女。"先处理心情，再处理事情"，要做到这一点需要相当的心理成熟度与冷静沉着的心态。我的爸爸34岁才结婚（妈妈17岁），妈妈因为外遇而离家出走时，爸爸已45岁。加上爸爸的教育背景（陆军军官学校毕业）和成长环境，才使他更为成熟、坚韧吧！

在我毕业典礼前夕，第157封家书中，爸爸说：

这封信是爸爸在你大学毕业前夕的感言。唉！回忆往事百感交集，爸爸因一事错误，半生戎马功绩毁于一旦，幸福美满的家庭因你妈妈的离去而破碎。那时你7岁、弟弟5岁、大妹3岁、淑芳1岁，我们父子女5人相依为命。

为了生活，我去打零工，你们姐弟采野菜、捡破烂共维生活。有时急需不便，我们典当衣物，并常向对面及隔壁两位陈老师借贷。我们规定每日5元生活费：早餐稀饭，5角白糖、5角花生；中午2元，豆腐、豆芽、白菜、酸菜各5角钱；晚上一把面条，1元黄豆芽和韭菜。借到50元，可以生活10天不发愁。

为了柴米油盐菜，我们父女二人每日精打细算，我们没有亲友的帮助，但也从不低头向别人求救。我们穷得清白、过得快乐，我们自力更生，为生活而奋斗。我每天踏着破旧的单车，到后山一家私人水泥厂做水泥瓦及花砖工人。有时需爬上屋顶替人家盖瓦或挑运砖块，头昏眼花、两腿打抖，要鼓足勇气爬上爬下，这是我有生以来最难忘的艰苦工作。

为了多赚一点钱，我到高雄码头洗船和擦油漆。一条外国的大邮轮或货轮停在高雄港海港，我们一群劳工被船务公司用小木筏送到大船上，一天24小时不停地工作，三五天工作完了才被接回岸上。爸爸的胃病时好时坏，在船上不停地吐，仍要不停地工作。

为了孩子、为了家，我要干下去，我们靠天生下来，靠天活下去。衣服破了自己补，跌倒自己爬起来。当你们生病了，我没钱请医生，我教你们多喝开水、多运动。当你们躺在床上哭得感到疲倦再到入睡，我坐在你们身边看着你们四张小脸蛋，我哭了。

有时候我想去死，但为了你们四个孩子我不能。我要把你们养大。但是没有你的帮助，我们不会有今天。你就读忠义小学时，要上学还要照顾弟弟、妹妹。老师特准你带弟弟、妹妹进教室旁听，你给他们1角或2角钱叫他们去买糖果，他们会心满意足地跑开，但总离不开姐姐太远，一天24小时围绕在你身边。

有幼小的你代替母亲，他们似乎有了安全感。上学时带他们去，放学时带他们回来。到市场去买菜，用你的小手抱着回来。1个鸡蛋、5角钱花生，你会把花生一粒粒排在一颗煎蛋的四周，色香味俱全。烧水做饭，浓烟熏得你直流眼泪，又要抽空擦地板、洗衣服，对功课更是不肯放松，成绩总是名列前茅。这段日子我们生活虽苦，但我们父子女五人在一起非常快乐。

记得有一次，你们四个孩子在一张大纸上画上图画写上文字，为我庆祝生日。四个人排成一行，手执那张纸，高唱生日歌，欢迎爸爸下班回来过生日，我感动得流泪，至今难忘。当你小学毕业进入初中，弟弟妹妹也相继入学忠义小学。爸爸为了使你安心读书，有人料理家务、照顾你们而再婚。

我们诚心诚意对待她，祈求重建一个幸福家庭。我错了，她是一个情绪变化无常的女人，使我们全家鸡犬不宁，整日生活在恐怖、猜疑、打斗、吵闹中。爸爸为了你们不再受虐待，为了你们的将来，只好牺牲金钱，办妥离婚手续，使我们的家再次恢复平静。你们四个孩子也深知爸爸的苦心，都能力求上进。

有几个爸爸能在儿女大学毕业时写感言？由此可见，要拉扯儿女读完大学，单亲父母要付出多少心血、尝过多少眼泪啊！如青峰的歌《十年一刻》：

可能忙了又忙，可能伤了又伤，可能无数眼泪在夜晚尝了又尝。

可是换来成长，可是换来希望，如今我站在台上这么对你讲。

父亲在日记上，也字字血泪地写着：

1948 年 11 月来此地，在军中 20 年，从 1946 年到 1965 年。我在这个世上应该是多余的，本该以死谢罪。但上天赐给我四个聪明又孝顺的孩子，我有养育孩子的责任，还不能去死。

我应该以生命来换取孩子们的成长，我所有的一切精神与物质，全部投资在他们四个身上。我要他们受良好的教育，我督促他们修养品德、锻炼身体，能成为堂堂正正、规规矩矩、清清白白的人，他们个个上进、人人孝顺。

我 1957 年年底结婚，婚后住在岳母家，自己在空地建了一间小屋，后来部队调到澎湖，在澎湖两年多，妻子在家克勤克俭做小工，她有着标准客家人的吃苦精神，每日一信。长女出生正好遇到台风，我过了三天才回来。新民出生的时候我在台中，也不能回家。淑慧出生时我因为工作太忙，把太太送到医院就去上班，也不在她身边。淑芳出生时，我因案入狱，更不能在她身边。现在检讨起来这全是我身不由己

166

而招来的错。

1965 年出事入狱，判刑一年半，1967 年出狱。出狱后退休金都没了，又找不到工作。1966 年妻子离家出走，与邻居生了孩子，1971 年离婚。

感谢我的父亲，不管再苦再累，为了养大我们，他用尽心力，坚持"咬紧牙关"撑下去。如梁静茹唱的《爱久见人心》："用尽了全力，只为在一起，我爱不爱你，爱久见人心。"

即使我满 18 岁离家上大学后，他对我仍未卸下父亲的责任，第 4 封家书他说：

> 读书求知与做人交友二者要并重，要有志同道合的同伴，才有助力，才有发展，才有幸福，其中道理一言难尽。

当我抱怨负责做班上最烦琐的总务工作，以及同学不理睬我时，第 5 封家书上，他说：

> 我为你高兴的是，同学们推选你保管经费，是对你的人格及信用投票。有机会为同学们服务，是一项荣誉，也可以借此机会认识更多的朋友，应该高兴才对。
>
> 关于有部分同学不理你，不要放在心上。因为相处日短，大家互不了解。你只要能做到时常笑脸迎人，和蔼、谦虚、

诚恳，帮助人、同情人，尽量去发现对方的优点，赞美他，学习他，友谊自然会向你招手。千万记住不可以孤芳自赏、自命不凡、骄傲自大，那你将陷入孤立无援的境地，精神受到封锁。

当年的亲子沟通只能靠书信联系，我大学毕业那年的年底，家里才装了电话。所以爸爸要我在回信中巨细靡遗地说明我的身体、生活、课程、心情。第10封家书，他告诉我，书信沟通之所以重要的理由：

写信并不是一件简单的事，信是人与人之间情感交流的工具。首先字体要清秀端正，文辞流畅，意义中肯，感情挚诚，表达关怀与同情，利人而不自私。给收信者带来的是安慰与希望、信心及满足。倘若言不由衷、不知所云，反生不利。

大学入学不久，我写信跟爸爸说，自己天生不喜欢玩笑的东西，所以拒绝所有校内外的联谊活动。校内电影不去看，许多迎新活动也不参加，觉得是因为从小把自己的性格弄坏了。爸爸对我的性格应该也很操心吧！所以家书上，他说：

我有一位走江湖靠算命为生的朋友，我曾问他算命是否可靠，他的答案是，命运掌握在你我自己的手里，为圣为贤、是成是败、或福或祸，全在你意之初动之时，一念之间种瓜得瓜、种豆得豆，栽什么花结什么果。全信命不如吾无命，算命是一种流行感、顺口溜的话术，真真假假、似假似真，所谓"智者不惑，仁者不忧，勇者不惧"，可知命运操之在我，算又何益？

女儿，我的一生都在失败中奋斗，婚姻、事业、健康，都不是我心所愿的模式。检讨结果，全因自己当时一念之差所造成，要靠自己去改造，怨天尤人、相信命运会更惨。

我读大学后，爸爸一个人照顾弟弟妹妹三人，身体及精力都很吃力，但他仍正向思考与面对现实。家书上他说：

这几天我们家的人轮流生病，经过马上看病追踪治疗，也都安然无恙。但是老爸的精神负担实则是一言难尽。

父兼母职，独角戏难演。自己与自己的商量，苦乐自享。好在你们四个孩子聪明勤奋孝顺，老爸在希望、等候与自勉中生活，苦中乐，乐中苦，已习惯了。

父亲从不偏心，不但不比较儿女的成就或孝心（包括我们赚钱后寄给他的赡养费），还特别强调手足间互助的重要。爸爸常将弟弟、妹妹的情形告诉我、要弟弟、妹妹写信给我，也要我写信给弟弟、妹妹。但特别叮咛不要责骂弟弟、妹妹，一定要多鼓励。

父亲总诚实地将家中的经济困难告诉儿女，让我们自立自强之外，也要尽己之力互相帮助。在我大学毕业开始当老师后，每个月寄8000~10000元回家（当时薪水为12000元），因为当时爸爸没有多少收入，而淑慧重考需要补习费。

我有位虔心学佛的好友，他谈到亲子关系时说：

家人是今生的有缘人，要珍惜。未来会用什么方式再结缘，完全看您今生如何造善或恶了！感恩美好的相遇。

他也十分感慨现今父母最大的问题是对孩子的过度保护，他说：

当父母不断宠爱小孩，要什么给什么，等到给不了的时候，要用什么填补呢？到那时后悔莫及，甚至造就更多恶业，以致贪、瞋、痴三毒全来了，这就是最大的悲剧啊！

11　整个社会一起支撑家庭教育

ᵛᵛ 需要被帮助的家庭

不是所有家庭都可以单靠父母的力量把孩子教养好，有时需要社会、各级学校、非营利组织等共同支撑。哪些家庭需要被帮助？

▌单亲及弱势家庭

劳动阶级作家、贫困的单亲妈妈史蒂芬妮·兰德（Stephanie Land）将自己的故事写成《一个单亲女佣的求生之路》一书出版，她在前言中说：

> 幸运的话，你永远都不必活在史蒂芬妮的世界。那个世界为缺乏资源所困，钱永远不够用，有时连食物都不够吃；餐餐是花生酱和泡面，麦当劳是大餐。

在她的世界里，什么事都不可靠，破旧的车子随时可能抛锚，曾说要照顾你的男人随时可能翻脸，住的地方更是难求（得靠政府安排及补贴租金）。食物券是史蒂芬妮活下去的重要助力，但美国要求必须工作才能领食物券，这使眼前没有工作的人活不下去。对于工人、单亲家长来说，这不应该是施舍，他们一样希望能在社会上有稳固的立足之处。

史蒂芬妮的世界似乎朝着无底深渊走去，她一天要打扫6~8小时，抬起重物、吸地、刷刷洗洗损害了身体健康。每天得吞下令人担忧的大量止痛药，因为她没钱看病及吃处方药，没钱按摩，无法接受物理治疗。

除了生活带来的身体疲惫，史蒂芬妮也面临情绪挑战。遇到困难时，她想办法前进，但有时关卡实在多到让人应付不来。因为她对还幼小的女儿米亚怀有无尽的爱，因此才能一路撑下去。

身为单亲家长代表你是唯一照顾孩子的人，根本没时间喘口气，也没人与你分工合作，帮孩子洗澡、送孩子上床睡觉。照顾孩子日常生活对史蒂芬妮来说是最微不足道的问题。大量的工作几乎压垮她，她要做所有的家务（倒垃圾、买菜、煮饭、打扫、换马桶卫生纸、铺床单、掸灰尘），要检查车子的油，带米亚去看医生。史蒂芬妮说：

> 我担心个没完，压力让我的胃不舒服。我担心这个月的薪水不足以支付账单，我担心四个月后才会到来的圣诞节，我担心米亚的咳嗽会转成鼻窦炎，我担心杰米（前夫）会变本加厉，担心他为了整我，会反悔不去日托中心接米亚，我

担心我得重新安排工作时间或根本不能上工。

单亲父母很容易陷入贫穷，因为他们日夜操劳，压力与疲惫一直在掏空他们，史蒂芬妮知道随时都可能吹来一阵风把自己击倒。单亲父母看似坚强，其实"不堪一击"，生怕哪件事变成最后那一根压垮骆驼的稻草。

若是因感情创伤（外遇、家暴等）而成为单亲父母，除了处理自己的痛苦外，还要注意在父母冲突过程中，孩子受到了哪些创伤。通过与孩子深度交流（父母为何分开、离婚不是孩子的错），能让孩子适时纾压（了解孩子担心什么）。这件事不仅依靠父母去做，亲友、老师、社会福利机构、心理咨询单位、非营利组织等都可共同出钱出力。

特别要提醒的是，不要将对前夫、前妻或孩子父／母（未婚生子）的怨恨转移到孩子身上，甚至强迫孩子"选边站"。大人的恩怨即使难解决，也要保持对孩子该有的"人际界线"。尊重孩子对父母的感情，安排与鼓励孩子与不同住的父母接触，使孩子仍享有亲情（不需要偷偷思念与见面）。

我爸爸常找我们的生母帮忙，不像许多离婚夫妻"老死不相往来"。我爸爸也鼓励孩子与不同住的母亲接触，让我们相信母亲对儿女的爱是不变的。不论我们有成就（从大学及研究所毕业）或出问题（健康、学业、行为），爸爸都会告诉妈妈，并在必要时寻求她的协助（照顾生病的孩子、金钱资助）。我在台湾师范大学的毕业典礼以及我的婚礼，都邀请妈妈参加。

　　单亲父母最好能把家庭状况告诉老师，寻求助力，一起关怀孩子。也许因现代社会离婚率高，班上总有三五个学生为单亲家庭。老师除了要预防外界给单亲儿"贴标签"外，更要有一套"辅导计划"。只靠单亲父母努力并不够，老师也要给予这些孩子关怀与支持。即使有些父母认为"家丑不可外扬"，拒绝别人伸出援手，老师及学校辅导单位也不能放弃这些孩子。

▌家人有身心障碍的家庭

　　为何家人中（尤其是主要照顾者）有人自杀或罹患精神疾病（尤其是未进行医疗），就属于高风险家庭？因为父母若罹患精神疾病而不好好治疗，对孩子的身心发展影响甚大。不仅无法善尽家长责任，也会破坏夫妻关系、亲子关系。孩子从小活在父母异常情绪与行为的环境下，常无法判断是否因自己的言行举止激怒了父母。久之，除了担心自己的情绪与行为是否妥当而常感到心情压抑、影响人际关系外，也有"遗传因素"的隐忧，觉得自己也会罹患与父母相同的精神疾病。这类影响的潜伏期有时很久，使孩子不由自主地"复制"精神疾病父母的情绪与行为，直至多年后才爆发。

　　若孩子罹患了抑郁症等心理疾病，父母懂得相关知识，对孩子的治疗有很大帮助。父母知道得越多，孩子治疗成功的机会越大。向家长普及心理疾病相关知识，需要家庭、学校及社会教育三方面共同努力。早期治疗轻到中度的抑郁症，可以预防重度抑郁症及其他相关的疾病，也可帮助因家族史而有较高发病率的少儿降低初次抑郁症发作概率。

有时单亲父母会因婚姻或感情创伤（包含未婚生子），以及单亲后独自照顾孩子的压力而罹患精神疾病。另外，单亲家庭的孩子也许因无法清楚表达自己的感受，或不喜欢别人施舍、怜悯，在有困难或情绪不佳时不会主动找老师"解惑"。他们会表里不一、强颜欢笑地过日子，久之就可能变成"微笑抑郁症"（又称"阳光抑郁症"）。只向人展示自己阳光的一面（表面上笑脸迎人），内心的郁闷、委屈、愤怒等真正情绪都隐藏起来。情绪长时间无法真实表达，就会形成巨大的压力，有时自己及身边的人也无法觉察，直到突然发作。

▍除了教学，学校更要关心学生的生活与心理

家庭不能失能，万一功能不足，学校就要设法弥补。学校不仅是教授文化知识的地方，若不关注学生的生活与心理，就不算完整的教育。所以学校要加强正向引导，以免学生误入歧途，还有一些其他提振学校功能的具体做法，包括：

1. **激励行政部门多关心学生的身心发展**：学校行政部门要组织许多课外活动，邀请教师及家长共同参与，以"团体动力"帮助家庭功能不足的孩子（包括假日及寒暑假）。

2. **激励教师发扬爱学生的精神**：老师要将学生当成自己的

子女般关心、指导，老师鼓励及拉学生一把的力量常超越父母。所以教师节还是要强调报答师恩，使老师感到欣慰而更有动力成为好老师。

3．加强教师的专业能力：对于"低自尊、高自卑"或有家庭、人际关系问题而需要帮助的孩子，老师要有足够的觉察力及行动力，才能掌握关键，及早化解问题。教师团队要形成强大的"啦啦队"，尽全力帮助及鼓舞有困难的孩子，要有人听孩子们讲话，让他们知道自己的亮点与天分，并促进他们的成长与蜕变。

老师应多与高风险家庭建立信任关系，主动亲近学生及家长，表达愿意倾听的诚意，并帮助学生解决心理、课业、人际等各方面问题。对于情绪不稳与行为适应不良的学生，可转到辅导室进行个别咨询，或安排其参加校内外相关的团体辅导。

我的单亲爸爸懂得主动与导师联络，并与学校团队合作，使我们得到更多教育资源，老师的关注与鼓舞让我在学校更有自信、更快乐。在此深深感谢我的母校——忠义小学与大寮中学老师们的无私奉献，偏乡中小学的成就不在升学率，而是对家境贫寒与学业困难的孩子"济弱扶倾"。

大家都很关心教育，包括偏乡、弱势家庭、学习扶助等，许多人也投入人力、物力将教育当作大工程。但我更希望这些改革能由教育工作者带头及持续去做，所以2018年我创立了"华人无国界教师学会"。因为教育专业需要经验与传承，不只在职老师要努力，退休教师、教育志工都可以参与进来。

要提升家庭功能，具体做法为：

1. 促进家庭和谐：夫妻难免产生矛盾，但不一定要争吵，应学习沟通的技巧。还有其他如婆媳之间、女婿与岳父母之间、姑嫂之间、妯娌之间，也要好好沟通，不可意气用事，以免使孩子左右为难甚至怨恨某些亲人。

2. 多激励父母：母亲节时许多中小学会为母亲、奶奶或外婆举行报亲恩洗脚的活动，使母亲们分外感动，更有动力成为好母亲。也可仿照母亲节报亲恩的做法，特别为父亲组织一些活动，激励父亲愿意为孩子付出更多时间与心力。

3. 激励单亲与隔代教养家庭：单亲与隔代教养的家庭，父母需要更多有形的社会资源与无形的支持与鼓励，才能拥有动力与能力成为好家长。若是离婚的家庭，则要用心维系孩子与未同住之父或母的关系。若组成继亲家庭，则要设法促进孩子与继亲父母的关系。

我的单亲爸爸不是教育专家，他的教养智慧来自无数次尝试及挫败经验。一个男人怎有办法拉扯大四个小孩？他充分发挥父爱本能，时时刻刻、全心全意地为儿女着想。爸爸通过与儿女经常交流（散步时聊天、谈话），了解我们的学业、人际关系与未来计划，询问有什么问题与困难，然后家人一起思考、互助，共同完成目标。

当年弱小的我们因为爸爸这股"帮助的力量"而挺住了，周遭的老师、邻居、亲友及善心人士受到爸爸的感召也加入"助人的行列"，这才使我们得以成功与自立。